27.

ENTRÉE DE HENRI IV

27.

ENTRÉE DE HENRI IV

SOCIÉTÉ ROUENNAISE

DE

BIBLIOPHILES

N° 26

—

· M. JULES ADELINE.

ENTRÉE A ROUEN

DU

ROI HENRI IV

EN 1596

Précédée d'une Introduction par J. FÉLIX

Et de Notes par Ch. DE ROBILLARD DE BEAUREPAIRE

IMPRIMERIE DE ESPÉRANCE CAGNIARD

rues Jeanne-Darc, 88, et des Basnage, 5

—

1887

INTRODUCTION

OEuvre collective du Bureau de notre Société qui en a, par chacun de ses Membres, surveillé la réimpression, cette reproduction du Discours de l'Entrée de Henri IV à Rouen doit, comme la relation de l'Entrée de Henri II qui l'a précédée, son exactitude et son parfait achèvement au zèle intelligent de notre imprimeur, M. Cagniard, et aux soins actifs de ses dévoués auxiliaires, secondés par l'habileté artistique de M. Fernique, qui a rendu, avec la plus heureuse fidélité, les planches curieuses dont ce précieux volume est orné. Encre, papier, caractères ont, cette fois encore, été spécialement fabriqués pour rendre cette édition digne de figurer à côté de l'original dans la bibliothèque des amateurs les plus exigeants.

La rareté de l'ouvrage, la somptuosité des fêtes qu'il décrit, l'importance politique du séjour prolongé par le souverain dans la capitale de la Normandie, dispensent d'insister sur l'opportunité de cette publication. Elle nous a été facilitée par le gracieux empressement avec lequel MM. les Maires de Rouen et de Pont-Audemer ont mis à notre disposition les exemplaires conservés dans les riches collections de ces deux villes, confiance libérale qui atteste leur goût pour les lettres, et que nous rappelons avec une gratitude dont nous tenions à consigner ici la publique expression.

Paru en 1599 seulement, à l'instigation des échevins qui avaient pourvu à la réception royale trois ans auparavant, le livre porte quelquefois, mentionné au bas de son titre, le nom de Raphaël du Petit Val *accueilly* par les titulaires du privilège : Martin Le Mesgissier, Georges l'Oyselet et Jehan Crevel. Ce serait la seule remarque suggérée par la comparaison des deux exemplaires que nous avons examinés, si nous ne devions signaler à l'attention une pièce imprimée qui se trouve reliée à la fin du volume de Pont-Audemer, et que l'on chercherait d'autant moins à cette place qu'elle n'a aucun trait à l'histoire de Henri IV. Sorte de nouvelle à la main, le feuillet non paginé que nous citons pour que ceux qui voudraient le consulter puissent le découvrir, raconte le passage à Rouen de Louis XV, se rendant au Havre pour assister à ces réjouissances dont le souvenir et le tableau nous ont été transmis par la « Relation de l'arrivée « du Roy au Hâvre de Grâce, le 19 septembre 1749, » illustrée par le crayon de Descamps, « professeur de dessin à l'Académie royale de Rouen, » et parue en 1753 avec une dédicace adressée au monarque par les officiers municipaux.

L'on serait disposé à supposer que Martin Le Mesgissier, qui a prouvé son savoir par le discours rimé et le sonnet placés en tête de « l'Histoire et Cronique « de Normandie », non moins que par les sonnets qui, dans le présent volume, suivent l'Avis au Lecteur, pourrait être l'auteur de la relation que nous rééditons. Le texte en aurait été soumis à l'approbation des échevins, s'il faut s'en rapporter à cette mention de leur journal en date du 23 juin 1598 : « Le cahier du discours « de l'entrée du Roy Henry quatre de ce nom, Roy de France et de Navarre, « faicte en ceste ville a esté baillé et mys ès mains de Martin Le Mesgissier, « Georges Loyselet, Jehan Crevel et Raphaël du Petit Val pour icelluy imprimer « et faire imprimer et le rapporter le plus promptement qu'il leur sera possible. » Cette opinion semble confirmée au surplus par ces paroles de l'imprimeur à Messieurs les Conseillers et Eschevins de la ville de Rouen : « Je m'y suis « engagé avec l'aide d'un de vos confrères..... et pourtant me suis contenté « d'esbocher seulement le tout selon que je l'ay peu comprendre et d'en donner « une simple et commune exposition, comme la veue en a esté commune, « laissant à meilleurs esprits d'y adiouster ou diminuer selon la perfection « requise, et remettant aussi l'honneur des inscriptions en vers Grecs, Latins « ou François à ceux qui les ont faicts. »

Quel est l'échevin lettré auquel il est fait allusion ? Je serais tenté de nommer Richard Baudry, sieur de Semilly, auteur des deux sonnets qu'on trouve à la page 87 de l'ouvrage. Ce sont de tels secours et de pareils encouragements qui ont triomphé de la modestie peut-être un peu affectée du narrateur qui nous veut bien avertir que « ce petit discours fust demeuré dans la fosse de l'oubly, si « autres que luy ne l'eussent contraint, quoique nud et sans artifice, se monstrer « à la veuë commune du monde ».

Quant aux autres poètes, qui en trois langues ont concouru à orner les arcs de triomphe d'inscriptions ingénieuses ou à fournir aux personnages de la fête de délicates louanges, ils paraîtraient avoir été assez nombreux, à consulter seulement les signatures placées au bas des vers qui commencent et finissent le volume. S'il ne nous est pas possible de donner des renseignements précis sur Duthot, qu'il nous soit permis de rappeler que François Viger, jésuite, né à Rouen, traducteur d'Eusèbe, a publié sur les idiotismes grecs un ouvrage qui a eu, au commencement de ce siècle, les honneurs d'une réimpression à l'étranger, sérieuse compensation d'un médiocre sonnet. Pour François d'Eudemare, chanoine de la cathédrale de Rouen, il a écrit, outre plusieurs ouvrages religieux « l'Histoire excellente et -héroïque du Roy Willaume-le-Bastard, iadis roy « d'Angleterre et duc de Normandie. »

Il est question dans le Discours de l'Entrée (page 7) d'un écrivain qu'on ne nous fait pas plus amplement connaître : « homme docte, natif et habitant de « ceste ville de Rouen, auteur semblablement de la plus grande partie des in-« scriptions et vers Grecs et Latins rapportez en ce discours, chacun en son « ordre et lieu, sur les denises et interpretations des figures et spectacles de ceste « Royale, magnifique et triomphante entrée. » En rapprochant cette phrase de la mention insérée au Journal des Échevins : « Plus a esté baillé audict Le Mes-« gissier le xxIIIᵉ juillet audict an le cahier des vers Latins et Grecs qu'en a « baillé Monsieur Martin pour le faict de ladicte entrée », il semble qu'on peut attribuer au chanoine érudit qui portait ce nom la paternité d'une partie des poésies mises sous les yeux du Roi.

Il est enfin un nom qu'il convient de ne pas omettre. En publiant pour la Société des Bibliophiles normands la plaquette qui a pour titre : « Les Vers que « N. P. a faits pour l'entrée du Roy en la ville de Rouen, avec quelques Epi-« grammes Françoys », ouvrage dont une des éditions se trouve à la Bibliothèque de Rouen, fonds Leber, M. Stephano de Merval, en constatant qu'il reproduisait les quatre pièces de vers qui figurent aux pages 41, 42 et 77 du Discours de l'Entrée, a établi, par des arguments très plausibles, l'attribution qu'il a faite de cet opuscule à Nicolas Papillon, avocat au Parlement de Rouen, curé d'Ouville-l'Abbaye.

La gravité des événements accomplis pendant le long séjour de Henri IV dans la capitale normande avait attiré dans ses murs une énorme affluence. De là la nécessité de se pourvoir d'approvisionnements suffisants, comme le prouvent des marchés passés les 9 janvier, 14 janvier et 12 novembre 1597, pour l'entretien des maisons de Catherine de Clèves, duchesse de Guise et comtesse d'Eu, de

2

Henriette de Clèves, duchesse de Nemours, veuve de Ludovic de Gonzague, duc de Nivernois et de Rethelois, enfin du duc de Montpensier (Bulletin de la Société de l'Histoire de Normandie, 1886, p. 250).

Le règlement des affaires privées ne pouvait cependant attendre le retour de la cour à Paris, et plus d'un des personnages qui en faisaient partie ou qui l'avaient suivie passa à Rouen des actes qui ont au moins ce caractère instructif qu'ils nous signalent la présence de leurs signataires en cette ville. C'est cette nomenclature, relevée avec le soin scrupuleux et le sens critique dont ses travaux offrent le modèle accompli, que M. Charles de Beaurepaire, toujours empressé de servir les intérêts de l'histoire locale, a bien voulu joindre à notre publication avec une libéralité pour laquelle toutes les formules de reconnaissance sont désormais épuisées. Son nom, si ce n'était pour nous un honneur et un devoir de lui exprimer les sentiments du Bureau et de tous les Membres de notre Société, devrait devancer, ou plutôt remplacer, celui qui termine une Préface, dont une impatience légitime verra la fin avec une satisfaction justifiée par le désir de lire les Notes si précieuses du savant Archiviste.

Le Président de la Société rouennaise de Bibliophiles,

J. FÉLIX.

NOTES

Henri IV, arrivé à Rouen le 16 octobre 1596, n'en partit que le 6 février 1597.

Ce séjour, exceptionnellement long, du Roi dans notre ville, fut marqué par quelques événements importants : la signature d'un traité d'alliance avec la reine d'Angleterre ; la convocation d'une Assemblée des Notables ; la réception du Légat.

Le traité d'alliance est connu : la Chronologie novennaire de Palma Cayet en donne les principales dispositions. L'Assemblée des Notables, dont on pouvait attendre la réforme du royaume, n'aboutit à rien de sérieux, et ne fut guère qu'un prétexte à des expédients fiscaux. On n'en a retenu que le discours de Henri IV, vrai discours de roi constitutionnel, qui est bien de lui, ainsi que le prouve l'original, chargé de ratures, publié par M. Berger de Xivrey, et dont le ton contraste avec la manière dont les historiens du temps ont parlé des assemblées politiques. Quant à la venue du légat, on peut croire qu'elle fut désirée comme une attestation éclatante de la réconciliation du Roi avec l'Église, attestation fort opportune dans une ville absolument acquise au parti de la Ligue.

Un autre acte, digne d'intérêt, ce fut le règlement des Tailles qui fut publié à Rouen au mois de janvier 1597.

Il convient aussi de signaler l'intervention très active de Henri IV auprès du Parlement pour calmer les passions excitées depuis si longtemps par les guerres civiles, pour préparer les esprits à l'édit de Nantes, et, ce qui n'était pas moins difficile, tant l'intolérance dominait alors, pour assurer l'effet du pardon qui avait été accordé aux Ligueurs. On trouvera sur ce point d'amples renseignements dans l'Histoire du Parlement de Normandie, de M. Floquet.

En annonçant sa venue, Henri IV, qui avait le secret des mots heureux, avait écrit : « J'ayme mieulx le cœur de mes subjectz et leur soulagement que tout autre apparat ». Les frais de l'Entrée qu'on devait lui faire effrayèrent les échevins : la caisse municipale était vide, et il fallut donner procuration à plusieurs bourgeois, pour « adviser des moyens de subvenir aux frais de la réception, soit par emprunt, rentes, intérêts ou autrement. » L'on vendit les blés qui se trouvaient dans les greniers de l'Hôtel commun, et l'on fit « une liste des plus notables et plus aisés bourgeois, afin de les mander et exciter à « prester deniers ausquelz seroit baillé toute asseurance de restitution suivant le roolle de leur prest, et à leur refus seroit usé de contrainte ».

Le Roi ayant fait demander par le capitaine La Haye deux cents aunes de drap pour habiller une compagnie de carabins qui devait l'accompagner, on le supplia de dispenser la ville de cette dépense. On refusa aux maréchaux et fourriers ordinaires de Henri IV

« *les portiques, portauts, médailles, bois debout et choses faites à l'Entrée,* » *qu'un brevet du Roi leur avait attribués (1). Tout cela ne sentait ni l'enthousiasme, ni la libéralité.*

Cependant il faut croire que la réception qui fut faite au Roi fut très magnifique pour le temps, puisqu'un témoin oculaire, qui n'est autre que le chancelier Chiverny, le dit dans ses Mémoires d'État.

Le fait est qu'il en coûta douze mille cinq cents écus, y compris les dépenses faites pour l'ambassadeur d'Angleterre et pour le légat, et qu'on décida, le 11 mars 1597, d'en faire poursuite vers le Roi (2).

Je n'entrerai pas dans les détails de cette Entrée, et je me bornerai, pour rester dans mon rôle d'annotateur, à fournir quelques documents qui donneront une idée de notre ville à la fin du seizième siècle et permettront de mieux juger des changements qui se sont accomplis depuis cette époque.

Voici d'abord un mandement du 1er décembre 1596, signé : Gosselin, procureur-syndic de la ville, relatif à l'éclairage des rues.

« *Quartenier, ordonnez, de la part de M. de Montpensier, du 3 novembre, de faire*
« *mectre par vos centeniers, cinquanteniers ou dizeniers, en tous les carfours des rues et*
« *autres lieux de votre quartier que besoing sera, de longues chandelles de 6 à la livre*
« *dans de grandes lanternes d'estemyne, ainsy que cy-devant a esté faict, lesquelles chan-*
« *delles et lanternes seront fournies, à tour de rolle, par les bourgeois desdictes rues, à*
« *leurs despens, comme cy-devant a esté faict, à peine aux contrevenans de 10 escus*
« *d'amende, desquelles le tiers sera adjugé aux dénonciateurs (3).* »

Voici ensuite deux délibérations du Chapitre de Rouen, qui prouvent que la police n'avait pas gagné à l'arrivée du Roi.

« *17 octobre 1597. — Ayant esté remonstré que, pour l'arryvée du Roy en ceste ville,*
« *plusieurs malveillans courent les rues, tant au soir que matin, pour raison de quoy plu-*
« *sieurs de MM. pourroient estre incommodez en venant à matines, mesmes que la maladie*
« *contagieuse s'aygrit en ceste ville (4), à ceste cause désiroient estre dispensez des matines,*
« *a esté ordonné que MM., qui ne seront en office pour le divin service, seront dispencez*
« *des dictes matines et non autrement.* »

« *18 octobre. — Sur ce qui a esté proposé par plusieurs de MM. que, à raison de la*
« *venue du Roy en ceste ville, plusieurs volleries et assassinats se commettoient tant au*
« *matin que soir, et pour éviter au danger et inconvénient qui en pourroit arriver, désiroient*
« *estre dispensez des matines, sur quoy délibéré, et eu égard à lad. proposition, a esté*
« *ordonné que généralement tous MM., qui ne pourront venir à matines pour raison tant*
« *des hostes qu'ils ont en leur logis, que du danger du matin, sont dispencez, à la charge*

---

(1) *Le 21 nov. 1596, Jean Pinelaire, maréchal des logis du Roi, et Pierre Rabot dit La Noue, et Thomas Le Large, ses fourriers, renoncent au don à eux fait par le Roi. (Tab. de Rouen.)*

(2) *Délibérations de l'Hôtel-de-Ville de Rouen.*

(3) *Registre-Journal de la ville de Rouen.*

(4) *L'état sanitaire de Rouen n'était pas parfait : celui de Paris l'était encore moins, et l'on a donné la contagion, qui régnait alors dans la capitale, pour la raison qui détermina le Roi à venir à Rouen.*

« de pourvoir à leur office, sous peine d'encourir et payer l'amende contenue et portée
« aux anciens status et ordonnances, et ce jusques à la Toussaint prochaine (1). »

En regard de cette foule de mendiants et de voleurs |qui ne cherchaient qu'aventures,
il faut se représenter cette quantité considérable de fonctionnaires de tout ordre, de seigneurs de tout rang, qui suivaient la cour pour en obtenir justice ou faveur.

On lit dans la relation publiée à ce sujet (page 88) :

« Arriverent aussi en ce mesme temps plusieurs .... Ambassadeurs des pays et
« Royaumes estrangers ; et grand nombre de Princes, Seigneurs, Chevaliers ; Presidents,
« Procureurs generaux, Maires et Eschevins, et autres grands et notables personnages, de
« tous les Parlemens, Villes, et Communautez de la France, convoquez par sa Majesté :
« les uns pour l'assister en son entrée, autres pour les ceremonies de l'ordre de chevalerie
« du Sainct Esprit, et les autres pour l'assister en la conference generale, qui fut tenue
« par long espace de temps en ladicte ville, pour adviser aux affaires generales du
« Royaume. De sorte que l'assemblée, et la Cour fut pour lors si grande en ladicte ville de
« Rouen, qu'il ne se peut remarquer que jamais en ville de France, y en aye eu de sem-
« blable ny plus signalee. »

On jugera de l'exactitude de ce témoignage par la liste suivante que j'ai dressée à
l'aide des registres du tabellionage, liste naturellement fort incomplète, puisqu'elle com-
prend à peu près uniquement les noms de ceux que des affaires urgentes à régler
amenèrent au tabellionage de Rouen pendant leur séjour dans notre ville.

PRINCES DU SANG ET AUTRES GRANDS SEIGNEURS.

Henri de Bourbon, duc de Montpensier, gouverneur de Normandie, ayant pour surintendant
de ses maisons Jean Bourneuf, sr de Cussey, premier président du parlement de Bretagne ; pour
maître des requètes, Ch. de la Noue, conseiller au même parlement; pour secrétaire, M. de Lou-
veron, 5 février 1597; pour contrôleur général de sa maison, Martin Martineau, 9 août 1595 ;
pour argentier, Louis Messaut, 13 janvier 1597; pour gentilhomme de sa chambre, René de Fougères, sr de la Barre, 9 janvier 1597 ; pour gentilhommes servants de sa maison, Pierre de Buffyn,
14 janvier 1597, et François Darères, sieur de la Tour, 5 février, 22 mai 1597; pour lieutenant
de ses gardes, le sr de la Guérinière, 19 octobre 1596 (Arch. de la S.-Inf. C. 1236); pour apothicaire, Jean Botreau, 9 janvier 1597. Le duc de Montpensier, arrivé à Rouen avec le Roi, avait pris
son logis à l'archevèché. Sa présence y est signalée, 9 septembre, 18 novembre 1596.

François de Bourbon, prince de Conti, gouverneur et lieutenant général en Dauphiné,
11, 23 décembre 1596 ; avait, pour secrétaires, François Synet, marié à Jeanne de Caaesne.

(1) Archives des Hospices de Rouen, Bureau des validés : 15 décembre 1596, « il a esté en-
joint aux 16 sergents instituez par la court de parlement pour le règlement des mendiants
par la ville, de mettre et constituer prisonniers en la tour des paouvres tous gueux vallides et
ayant enffants, et qui ont moyen de gaigner leur vye, à peine d'en respondre. On fera raccoutrer
lad. tour, et on distribuera du pain selon qu'il est nécessaire. »

9 septembre 1596; Mathurin Duresquin, 7 décembre 1596. Jean Pocquet, son valet de chambre, était grand arpenteur général de Normandie, 24 janvier 1597. Jean Gastel, écuyer, sieur de Boisgirard, et Paul de Caudemuche, sieur de Saint-Pair, gentilshommes ordinaires, 6 janvier 1597; cordonnier à sa suite, 21 janvier 1597.

François d'Orléans, comte de Saint-Paul, gouverneur et lieutenant général pour S. M. en Picardie, Boulonnois, pays reconquis, 11, 23 décembre 1597. A cette date, avec le duc de Montpensier, le comte de Saint-Paul, le cardinal de Givry, le comte de Chiverny, et autres parents de Charles Le Veneur, sieur du Hommet, fils de Tanneguy Le Veneur, sieur de Carrouges, lieutenant général en Normandie, et de Madeleine de Pompadour, constitué procureur pour poursuivre devant le Roi, ses Conseils d'État et privé, les cours de Parlement, l'interdiction dudit Charles Le Veneur, qui avait donné des preuves d'aliénation mentale, et son internement dans quelque tour et place forte du royaume, avec évocation par le Roi. — Il acheta, 5 décembre 1596, du suisse Bernard de Senault et du flamand Daniel Michel 4 pièces d'oiseaux appelés faucons 60 écus sol. Il paraît, par une lettre de Henri IV datée de Rouen, 20 novembre 1596, que François d'Orléans eut, pendant le séjour du Roi à Rouen, quelque altercation avec le duc de Montpensier. (Berger de Xivrey, *Lettres de Henri IV*.)

Charles de Lorraine, duc de Mayenne, pair et grand chambellan de France, lieutenant général de l'Ile-de-France, 16 décembre 1596; Robert Bagot, chef de paneterie de sa maison, 17 janvier 1597; André de Huyart, sieur de Préaux, son maître d'hôtel, 3 décembre 1596.

Henri de Savoie, duc de Nemours.

François de Luxembourg, duc de Piney, pair de France, chevalier des ordres du Roi, capitaine de 100 hommes d'armes de ses ordonnances, 16 novembre 1596. Le Roi l'envoya prêter, en son nom, obédience au souverain Pontife, et le recommanda au grand duc de Toscane par une lettre datée de Rouen, 8 décembre 1596 (Berger de Xivrey, *Lettres de Henri IV*, iv, 667). Pour l'indemniser de ses frais de voyage et d'ameublement, il lui fut payé, par mandement daté de Rouen, 4 décembre 1596, une somme de 13,500 écus.

Charles-Robert de la Marck, duc de Bouillon, prince de Sedan, comte de Maulévrier, baron de Mauny, Plasnes, sieur de Fauguernon et de Bléville, 17 octobre 1596, 7, 10, 15 janvier 1597. Revenait, avec Harlay de Sancy et Aymar de Chastes, d'Angleterre, où il s'était rendu pour la conclusion d'un traité d'alliance. Était absent de Rouen le 6 novembre « pour la confédération des Pays-Bas ».

Jean-François de Nogaret, duc d'Épernon, 4 février 1597; Jean Regnauld, son argentier ; Remon Carrier, gendarme de sa compagnie, 16 janvier 1997.

Maximilien de Béthune, seigneur baron de Rosny, comte de Mareil, 21 janvier 1597. Il s'étend, dans ses Mémoires, principalement sur les délibérations de l'Assemblée des Notables. Avait avec lui Salomon de Béthune, baron de Rosny, 10 janvier 1597.

Ludovic de Gonzague, duc de Nevers. Il y eut débat entre lui et le connétable pour la préséance à la cérémonie de la remise de l'ordre de la Jarretière. *(Mémoires de Groulart*, dans la *Collection des Mémoires relatifs à l'Histoire de France de Petitot*, t. XLIX, p. 318.) Avait, à sa suite, son boulanger, 17 janvier 1597.

CARDINAUX, ÉVÊQUES, ABBÉS ET AUTRES.

Pierre, cardinal de Gondi, évêque de Paris.

Anne Descars, cardinal dit de Givry, évêque et comte de Lisieux, abbé de Sainte-Bénigne de Dijon, 28 novembre, 11, 23 décembre 1596.

Renaut de Beaune, archevêque de Bourges, 20 novembre 1596. Le 25 octobre précédent, le Chapitre de la cathédrale lui fit présenter le pain et le vin.

Philippe du Bec, évêque de Nantes, nommé par le Roi à l'archevêché de Reims, 29 octobre 1596; Jacques Dorat, son secrétaire, 9 et 19 novembre 1596.

Charles de Bourbon, archevêque désigné de Rouen, abbé de Saint-Sauveur-le-Vicomte, ayant pour vicaire général Jacques de la Saussaye, 20 et 23 novembre 1596. Comme ses bulles n'avaient point encore été expédiées, ce ne fut pas lui qui reçut le Roi à la cathédrale. Cet honneur fut réservé à Guillaume Péricard, haut-doyen du Chapitre, délégué par les chanoines, 23 septembre 1596, pour faire la harangue au Roi. Le 15 octobre, le Chapitre nomma une députation pour aller faire la révérence à l'archevêque, qui logeait pour lors chez M. de la Roque, trésorier de la cathédrale. Le 18 du même mois, on délibéra « que le pain du Chapitre serait accordé à Mgr désigné pendant qu'il serait en cette ville, et qu'on lui communiquerait la lettre écrite en sa faveur, au nom de la compagnie, à S. S., par le pénitencier Dadré ». Le 12 décembre, le prélat avait quitté Rouen. — « 29 novembre 1596. Ayant esté donné advertissement en Chapitre comme Mgr. l'archevesque désigné avoit receu plainte de la presche qui se faict dans la maison de S. Ouen, au grand mescontentement des vrays catholiques de ceste ville, a esté ordonné que MM. les grands vicaires, le siège vacant, avec 6 des plus anciens de MM., assisteront mon dit sr pour en rendre plainte au Roy estant en ceste ville. »

Geoffroi de Martonnie, évêque d'Amiens, 16 décembre 1596.

Antoine Ébrard de Saint-Sulpice, évêque de Cahors, conseiller du Roi en ses Conseils d'État et privé, 4 novembre 1596; 8 janvier 1597; logeait à la Cité de Jérusalem, paroisse Saint-Martin-du-Pont de Rouen.

Jacques Davy du Perron, évêque d'Évreux, premier aumônier du Roi. « 14 octobre 1596, référé que M. du Perron, évesque d'Évreux, étoit mal content du peu d'honneur qu'il avoit receu, le jour précédent, à la grand'messe, à laquelle il assista. » Le Chapitre députe les chanoines Le Pigny et Dadré « pour lui faire entendre l'usage et coustume de ceste église, qui est que ung évesque diocésain n'est recongnu dans le chœur de céans, qu'il ne soit en habit d'évesque, mesme qu'il n'ait presté et fait le serment à Mgr. l'archevesque, comme métropolitain, et payé le past en Chapitre. » — 15 octobre 1596. On rend compte au Chapitre des démarches faites auprès de Mgr. du Perron. « Le dit sr évesque a faict responce qu'il désire veoir comme les autres sieurs évesques y ont procédé, se voullant conformer aux coustumes ordinaires, sans y voulloir aucunement desroger. » Pierre Tuilleau, son aumônier, 16 novembre 1596.

Henri d'Escoubleau, évêque de Maillezais, conseiller du Roi en son Conseil d'État, commandeur de l'ordre du Saint-Esprit; logeait en la paroisse Saint-Lô de Rouen, chez M. Chandelier d'Espinay, conseiller au parlement, 15 novembre 1596.

Claude d'Angennes de Rambouillet, évêque du Mans. Le dernier jour de novembre 1596, le Chapitre le pria de célébrer les ordres des quatre-temps de l'avent; avait avec lui Jean du Mesnil, écuyer, garde des sceaux de la vicomté de Falaise, son maître d'hôtel, 7, 26 novembre 1596.

Guitard de Rate, évêque de Montpellier; il se démet de son office de conseiller au parlement de Toulouse, 3, 27 janvier 1597. Signe : de Rate.

Ch. de Balsac, évêque de Noyon, abbé de Saint-Georges de Boscherville, 29 novembre, 13 décembre 1596.

Arnaud de Maytie de Mauléon, évêque d'Oléron en Béarn, 20 janvier 1597.

Me René Benoyst (c'est ainsi qu'il signait), docteur en théologie, premier confesseur du Roi, conseiller en ses Conseils d'État et privé, 15 février 1597. — M. Benoyst, l'un des meilleurs orateurs de son temps, évêque désigné de Troyes, fut choisi par le Chapitre de Rouen pour prêcher l'avent en la cathédrale, dernier novembre 1596. On lui affecta pour son logement la maison du chanoine Hamellin, occupée par Mme d'Allègre, et l'on pria S. M. « d'ordonner un autre logis à la dite dame, à raison qu'elle y était logée sans autorité », 4 décembre 1596. Il est à croire qu'on fut satisfait du prédicateur. Le Chapitre, après l'avoir entendu pendant l'avent, désira l'entendre encore pendant le carême. L'autorisation du Roi fut sollicitée et obtenue par le chanoine Le Pigny, 10 janvier 1597. René Benoyst ne put se faire nommer par le pape au siège de Troyes. Il mourut curé de Saint-Eustache de Paris, à l'âge de 82 ans, et fut enterré dans cette église le 10 mars 1608. On a publié sa « Remonstrance à MM. de l'assemblée tenue à Rouen, par le commandement du Roy au mois de novembre 1596 ». (A Rouen, chez Raphaël du Petit-Val ; à Paris, chez Sylvestre Moreau, 1596.)

Henri de Gondi, abbé de Buzay au diocèse de Nantes, ayant don du Roi, dès le 4 février 1595, de l'abbaye de Notre-Dame du Bourg, près Pornic ; il consentit à ce que cette abbaye fût mise au nom de Gaspar Du Gay, clerc du diocèse de Paris, 18 novembre 1596.

Esme de la Croix, abbé de Cîteaux, général de l'ordre, 5 novembre 1596. Signe : F. Edme A. de Cisteaux général.

Denis Largentier, docteur en théologie, abbé de Clairvaux, 5 novembre 1596.

Albert de Bellièvre, sieur de Grignon, abbé de Jouy, 7 novembre 1596.

Pierre Caulet, abbé de Mas en Languedoc, 13 décembre 1596.

Jean Le Breton, abbé de Nisos et aumônier du Roi, 26 novembre 1596.

Nas de Neufville, abbé de Saint-Wandrille, conseiller au Parlement de Paris, aumônier ordinaire du Roi, 7 décembre 1596.

Philippe Desportes, conseiller du Roi en son Conseil d'État, abbé des Vaux de Cernay, de Bonport, de Josaphat, de Tiron, 1er octobre, 5 novembre 1596, 13 janvier 1597. Logeait en son hôtel, par. Ste Croix des Pelletiers de Rouen, 5 novembre 1596. A cette date, procuration donnée par lui à Jacques Régnier, bourgeois de Chartres, et receveur de l'abbaye de Josaphat.

Nas Boucherat, abbé de Notre-Dame de Vaucelle, 21 novembre 1596.

Jean Vallet, prieur des prieurés de la Sainte-Trinité de Fougères et de Saint-Sauveur-lès-Chateaubriand, procureur général de Ch. de Bourneuf, évêque de Saint-Malo, 12 novembre 1596.

Vincent Le Got, docteur ès-droits, archidiacre et chanoine en l'église d'Avranches, 6 novembre 1596.

Adrien d'Ossat, docteur en théologie, chantre et chanoine en l'église de Lisieux, 4 janv. 1597.

Henri de Montredon, sr de Montrabeth, prieur de la Sainte-Trinité de Combourg, chanoine et archidiacre en l'église de Narbonne, grand vicaire de Mgr de Joyeuse, archevêque de Toulouse, abbé du Mont-Saint-Michel, etc. 30 décembre 1596. A cette date, il loue pour 4 ans, moyennant 2,530 écus par an, le revenu de la baronnie de Saint-Pair, près Granville, à Floridas Le Moyne, sieur de la Bréardière, marchand de Vitré, et à Marguerite Gouverneur, sa femme.

Ch. de Balsac, doyen de l'église de Tours, conseiller d'État, 28 septembre 1596.

Jean Dumont, sous-prieur des Augustins à Paris ; Jean Ardière, docteur en théologie, et François Le Beuf, procureur et receveur de ce couvent, donnent quittance du paiement à eux fait en raison du service célébré en leur couvent pour la santé et prospérité de S. M. et des seigneurs chevaliers de l'ordre du Saint-Esprit, 11 janvier 1597.

Gérard Fournier, docteur en théologie, du collège de Cholet à Paris, 7 novembre 1596.

François Rose, conseiller et aumônier du Roi, chanoine de Bayeux, pourvu par S. M. de la prébende de Vaucelles, 11 janvier 1597.

Jacques de Bernage, aumônier du Roi, prieur de Grandmont-lès-Rouen.

Guillaume Labbé, aumônier du Roi, chancelier de l'église de Bayeux. Le 9 novembre 1596, il demande à être reçu au canonicat de Jean Vymont, en vertu d'un brevet du Roi. Le 6 décembre, il requiert, en vertu d'un autre brevet, le canonicat de Jean Bigues, décédé.

Me Olivier Challumeau, conseiller et aumônier du Roi, curé de Sainte-Marguerite-sur-Duclair, accompagné de son frère Mauxe Challumeau, chanoine en l'église d'Évreux, 11 janv. 1597.

5 octobre 1596. « Sur l'advis donné à la compengnie (le Chapitre de Rouen) que les omosniés du Roy tiennent propos que le drap de pied, pouelle et carriaux qui seront présentez au Roy à son Entrée dans l'église leur appartiennent... a esté pryé M. l'archidiacre Le Pigny en conférer avec M. du Bernage, prieur de Grandmont, omosnier du Roy, faisant et estant en quartier, pour en avoir son advis, comme respectant fort la compengnie. »

CONNÉTABLE, MARÉCHAUX DE FRANCE.

Henri, duc de Montmorency, sr du Mesnil-Aubery, comte et baron d'Alais et de Florac, connétable de France, gouverneur du Languedoc, 2, 3, 9, 28 novembre 1596; 18 janvier 1597. Pierre Le Forestier, son secrétaire; Baptiste Fortune, son aumônier, 18 janvier 1597; Jean de Ruliague, natif de Bayonne, l'un de ses gardes, qui fit son testament, 4 novembre 1596. Oudet de Nesens, écuyer, sr d'Aumont, homme d'armes de sa compagnie, 28 janvier 1597. Le connétable arriva à Rouen le 13 octobre 1596. Le 3 novembre suivant, il donna procuration, pour assister, en son nom, à l'Assemblée des États du Gévaudan; assista, le 7 janvier, au traité de mariage de Mlle Julienne d'Estrées; fut nommé chevalier de l'ordre du Saint-Esprit en 1597. Pendant le séjour du Roi à Rouen, le connétable habita assez ordinairement le château de Préaux; logeait à Rouen, paroisse Sainte-Croix Saint-Ouen, en la maison du sieur du Thil.

Charles de Gontaut de Biron, chevalier des ordres du Roi, conseiller en ses Conseils d'État et privé, maréchal général de camp en toutes les armées du Roi, maréchal de France et lieutenant général en l'armée de S. M., gouverneur de Bourgogne et de Bresse, 4 janv. 1597. Jean Sarrau et Chauvelin, ses secrétaires, 22 décembre 1596, 15 janvier 1597; Jacques Coquelo, son laquais, 1er février 1597; Rafaël Gaillard, son argentier, dern. janvier 1597. Avait près de lui Henri de Gontaut, sr de Campigne en Périgord, 24 mai 1597.

Louis de la Chastre, baron de la Maisonfort, maréchal de France, nommé chevalier du Saint-Esprit en 1597.

Charles de Cossé, comte de Brissac, maréchal de France, gouverneur du Berry, 23 septembre 1596; assista, le 7 janvier 1597, au mariage de Julienne d'Estrées.

Albert de Gondi, duc de Retz, pair, maréchal de France, général des galères, dern. octobre 1596, 29 janvier 1597. Guill. Le Doien, son maréchal de forge ordinaire; Nas du Chastelet, son argentier, 22 janvier 1597.

Henri, duc de Joyeuse, maréchal de France, lieutenant général pour le Roi en Languedoc, 15 novembre 1596. Signe : Joyeuse.

Urbain de Laval, baron du Boisdauphin, chevalier des ordres du Roi, conseiller de S. M. en

3

ses Conseils, maréchal de France, 11, 17 janvier 1597; nommé chevalier de l'ordre du Saint-Esprit en 1597.

Jean de Beaumanoir, marquis de Lavardin, maréchal de France; Antoine de Lascoux, son secrétaire, 13 novembre 1596; le sr de Villiers à la suite du maréchal de Lavardin, 16 janv. 1597.

Jacques de Matignon, chevalier des ordres du Roi, maréchal de France, gouverneur de Guyenne, 8 octobre 1596; logeait à Rouen, paroisse Saint-Laurent, chez Roland de Foullongne, son surintendant. Le Roi, étant à Rouen, 28 octobre 1596, lui donna la charge de capitaine et surintendant des chasses au bailliage du Cotentin, 28 octobre 1596. (*Mémoriaux de la Chambre des Comptes*, B. 6.)

Alphonse d'Ornano, lieutenant général pour le Roi en Dauphiné, maréchal de France, 14 janvier 1597; nommé chevalier de l'ordre du Saint-Esprit en 1597.

Pons de Lauzières Thémines, baron des dits lieux, capitaine de 50 hommes d'armes des ordonnances du Roi, sénéchal et gouverneur de Quercy, maréchal de France, 8 janvier 1597. Signe : Themines; nommé chevalier de l'ordre du Saint-Esprit en 1597.

Charles de Montmorency, sr de Damville, Méru, Vigny, Longuesse, Grisy, comte de Secondigny, baron de Châteauneuf, amiral de France et de Bretagne. Étant à Rouen, fit foi et hommage pour la sie d'Espiés à Françoise de Betheville, dame de Pierrecourt, veuve de Jacques de Moy. Le Roi, par lettres datées de Gaillon, 10 octobre 1596, donna au sr de Damville les deniers provenant des droits réservés à la couronne par les ordonnances sur le fait de l'amirauté. (Archives de la S.-Inf., C. 1235.)

Henri de la Tour, duc de Bouillon, prince et souverain de Sedan, Jamets, vicomte de Turenne et maréchal de France, 11, 23 décembre 1596.

GOUVERNEURS DE PROVINCE.

Pierre de Donadieu de la Pichairie, chevalier de l'ordre du Roi, capitaine de 50 hommes d'armes des ordonnances du Roi, gouverneur des ville et château d'Angers, 16 et 17 janvier 1597; sénéchal et lieutenant général pour S. M. en Anjou ; assista, le 7 janvier 1597, au mariage de Julienne d'Estrées.

Timoléon de Beaufort, sieur de Montboissier, marquis de Canillac, comte de Champeys, conseiller du Roi en son Conseil d'État, capitaine de 50 hommes d'armes de ses ordonnances, gouverneur et lieutenant général pour S. M. en son bas pays d'Auvergne, 18 décembre 1596.

Charles de Valois, comte de Clermont et de Lauraguais, capitaine de 100 hommes d'armes des ordonnances du Roi, gouverneur d'Auvergne, 1er décembre 1596.

François de la Grange, sr de Montigny, capitaine de 50 hommes d'armes des ordonnances du Roi, lieutenant général du Blaisois et Vendômois, mestre de camp de cavalerie légère de France, assista, le 7 janvier 1597, au mariage de Julienne d'Estrées.

Antoine d'Aumont, comte de Châteauroux, conseiller du Roi en son Conseil d'État, capitaine de 50 hommes d'armes de ses ordonnances, gouverneur de Boulogne et du Boulonais, 4, 18 novembre et 13 décembre 1596; nommé chevalier de l'ordre du Saint-Esprit en 1597 ; frère de Jacques, baron de Chappes, prévôt de Paris ; neveu de la marquise d'Allègre, qui le gratifie de la terre de Conches, en Bourgogne, 4 novembre 1596. Il épousa la veuve du surintendant d'O.

Jacques Chabot, marquis de Mirebeau, comte de Charny, conseiller d'État, mestre de camp du régiment de Champagne, lieutenant pour S. M. en Bourgogne, nommé chevalier de l'ordre du Saint-Esprit en 1597.

Esmes de Malain, chevalier de l'ordre du Roi, sieur et baron de Lux, maréchal des camps et armées du Roi, l'un des lieutenants généraux du Roi au duché de Bourgogne, lieutenant général en Bresse et au pays de Mâconnois, 6 novembre 1596, 21 janvier 1597; nommé chevalier du Saint-Esprit en 1597.

Antoine d'Estrées, chevalier des ordres du Roi, conseiller en ses Conseils d'État et privé, capitaine de 50 hommes d'armes des ordonnances de S. M., gouverneur de la ville de Paris et Ile-de-France, seigneur d'Estrées, Tourpes, Fresles, Massy, Bures, Isemberteville, 15 novembre, 11 décembre 1596. Signe : d'Estrées. — Accompagné à Rouen de sa femme. Mᵐᵉ de Babou, et de son fils ainé Annibal, marquis de Cœuvres, 16 janvier 1597. Le 7 du même mois avait marié sa fille Julienne à Georges de Brancas, sʳ de Villars, capitaine de 50 hommes d'armes des ordonnances du Roi, gouverneur des villes du Havre-de-Grâce et de Pont-de-l'Arche, fils d'Aymon de Brancas, chevalier de l'ordre, baron d'Oise et de Catherine de Joyeuse. Le Roi signa au contrat de mariage, ainsi que Gabrielle d'Estrées, sœur de la future, Aymar de Chastes, Gaspard de Brancas, chevalier de l'ordre du Roi, baron d'Oise, frère ainé du futur. « M. de Currey (pour Cœuvres), mestre de camp des troupes. » Le Chapitre de Rouen lui fit offrir du vin, ainsi qu'à plusieurs de ses capitaines les plus signalés, « en considération du logement qu'il avoit fait de plusieurs de ses compagnies en la paroisse de Roumare », 18 novembre 1596. (Arch. de la (S.-Inf. Reg. capitulaires.)

Pierre de Mornay, sʳ de Buhy, fief Martel, chevalier des ordres du Roi, conseiller en ses Conseils d'État et privé, capitaine de 50 hommes d'armes de ses ordonnances, l'un des maréchaux de camps et armées du Roi, lieutenant général pour S. M. en l'Ile-de-France, 13 et 21 janvier 1597.

Guillaume de Gadagne, sʳ de Bothéon, comte de Verdun, sénéchal de Lyon, chevalier de l'ordre du Roi, conseiller d'État, lieutenant général en Lyonnais, Forez et Beaujolais, 20 novembre 1596. Nommé chevalier de l'ordre du Saint-Esprit en 1597.

Charles de Luxembourg, comte de Brienne et de Roussy, gouverneur de Metz et du pays Messin, nommé chevalier de l'ordre du Saint-Esprit en 1597.

Guillaume de Hautemer, chevalier des ordres du Roi, capitaine de 100 hommes d'armes de ses ordonnances, l'un de ses lieutenants généraux en Normandie, sʳ de Fervaques et comte de Grancey, 6 décembre 1596. Signe : Farvaques. Accompagné d'Adam de la Feye, écuyer, sʳ du Hay, capitaine de ses gardes, 19 septembre 1596.

Charles de Matignon, comte de Torigny, capitaine de 50 hommes d'armes des ordonnances du Roi, lieutenant général pour S. M. aux bailliages de Cotentin et d'Alençon; demeurait, à Rouen, au logis d'Audoulet, paroisse Saint-Étienne-la-grande-Église, 5 novembre 1596.

Pierre Rouxel, chevalier de l'ordre du Roi, capitaine de 50 hommes d'armes de ses ordonnances, lieutenant général pour S. M. aux bailliages d'Évreux et de Verneuil, bailli d'Évreux et baron de Médavy, 26 octobre 1596.

Charles de Neufville, baron d'Alincourt, grand maréchal des logis de la maison du Roi, gouverneur du Lyonnois, Forez et Beaujolais; nommé chevalier de l'ordre du Saint-Esprit en 1597.

Charles de Balsac, sʳ et baron de Dunes et Graville, chevalier des ordres du Roi, conseiller en ses Conseils d'État et privé, capitaine de 50 hommes d'armes de ses ordonnances, lieutenant général pour S. M. au duché d'Orléans, 13 décembre 1596.

Gilles de Souvré, s^r du lieu, Bressey, Bonnevault, chevalier des ordres du Roi, gouverneur et lieutenant général pour S. M. en Touraine, 11, 23 décembre 1596.

François de Bonne, s^r des Diguières, conseiller du Roi en ses Conseils d'État et privé, capitaine de 100 hommes d'armes de ses ordonnances, commandant général pour le Roi en Piémont, Savoie et Provence, 27 octobre, 8 novembre, 9 décembre 1596. Logeait, à Rouen, chez la d^{lle} de Hanyvel, paroisse Saint-Vincent. Eut, pendant le séjour du Roi à Rouen, un débat avec d'Ornano, colonel des Corses, pour le gouvernement de Dauphiné. Jacques de Vigaret, capitaine d'une compagnie du régiment de Piémont, 16 janvier 1597.

Gilbert de la Trémoïlle, marquis de Royan, comte d'Olonne, capitaine des 100 gentilshommes de la maison du Roi, sénéchal de Poitou ; nommé chevalier de l'ordre du Saint-Esprit en 1597.

AUTRES GRANDS PERSONNAGES.

Robert de Balsac, s^r de Montagu et de Chartres, demeurant à Ambourville, 7 septembre 1596.

Antoine de Brichanteau, chevalier des ordres du Roi, s^r de Beauvais Nangis, 22 janv. 1597.

Jean, sire de Bueil, comte de Sancerre et de Marans, grand échanson de France, nommé chevalier du Saint-Esprit en 1597.

Henri de Clausse, sieur de Fleury, grand-maître enquêteur et général réformateur des eaux et forêts de Normandie, par suite de la résignation faite en sa faveur (Rouen, 21 janvier 1597) par Jérôme Séguier, s^r de Drancy.

Louis d'Entragues, s^r de Hauterive, demeurant à Hauterive près Castres, 2 janvier 1597.

Christophe de Harlay, s^r de Beaumont, bailli du Palais à Paris, 21 janvier 1597.

Guy de Laval, chevalier de l'ordre du Roi, 9 janvier 1597.

Le s^r de Mailly (*Mémoriaux de la Chambre des Comptes*, arrêt du dern. novembre 1596. Arch. de la S.-Inf., B. 6).

Bertrand de Montault, 7 janvier 1597.

Charles marquis de Moy, 11 décembre 1596 ; avait été, peu de temps avant, retenu comme otage en Angleterre.

Léonor de Moy, s^r de Veraynes ; logé au *Tableau*, paroisse Saint-Cande-le-Jeune de Rouen, 18 novembre 1596.

Louis de Montgommery, s^r de Courbouzon et de Cormainville, 26 novembre et 5 décembre 1596. Signe : Loys de Mongommery.

MM. de Rohan, accompagnés de leur gouverneur, Gabriel de Granges, écuyer, s^r de Beauvais, 8 janvier 1597.

N^{**} Rouault, châtelain de Gamaches, baron de Longroy, Hellicourt, fils de Claude de Maricourt qui s'était remariée à Joachim de Bellengreville, s^r de Bouvaincourt, gouverneur de Meulan, 29 novembre 1596.

Emmanuel de Savoye, marquis de Villars, 17 octobre, 7 décembre 1596. Avait à sa suite Étienne Mathée dit Gaquerey, ci-devant écuyer de cuisine du cardinal de Guise, 3 janvier 1597.

Le s^r de la Varenne, contrôleur général des postes ; de retour de plusieurs voyages qu'il avait faits pour affaires secrètes, important au service du Roi, on lui paya 1,000 écus sol, en vertu d'un mandement du Roi daté de Rouen, 27 décembre 1596.

Frère Aloph de Wignacourt, chevalier de l'ordre de Saint-Jean de Jérusalem, commandeur de Villedieu en Dreugesin, accompagné de Charles de Gaillardbois dit Marcouville, chevalier dudit ordre, commandeur de Sainte-Vaubourg et de Villedieu-lès-Bailleul, 9, 10 décembre 1596, procèdent l'un et l'autre à une enquête au sujet de l'admission, dans l'ordre de Saint-Jean de Jérusalem, de Nicolas Bretel, fils de Louis Bretel, président au Parlement, et de Françoise Le Roux ; de François Langlois, fils de Georges Langlois, sr de Plainbosc, président au Bureau des finances de Rouen, décédé à Dieppe en 1589, et de Catherine de Brevedent.

GOUVERNEURS DE VILLES.

Esme de Rochefort, sr de Pleuvault, gouverneur de Vezelay et d'Avallon, 13 janvier 1597 ; vente faite par lui de 2 chevaux pour 200 écus sol.

Élie Eudes, sr de Tourville, gouverneur pour le Roi en ses ville et château de Bayeux, 18 décembre 1596.

Antoine, comte de Grammont, sr souverain de Bidache, gouverneur et lieutenant général pour le Roi à Bayonne, 26 novembre 1596.

Jean-Paul d'Esparbes de Lussan, gentilhomme ordinaire de la chambre du Roi, capitaine de 50 hommes d'armes des ordonnances de S. M., gouverneur des ville, château et comté de Blaye, 13 décembre 1596.

Le sr de la Verune, lieutenant au gouvernement du bailliage et gouverneur de la ville et château de Caen. (Arch. de la S.-Inf., *Mémoriaux de la Chambre des Comptes*, arrêt du 3 décembre 1596, B. 6.)

Nicolas Du Tot, sr du lieu, chevalier de l'ordre du Roi, commandant pour le service de S. M. au Château-Gaillard, 9 janvier 1597.

Claude de Harville, sr de Palaiseau, baron de Nainville, conseiller d'État, capitaine de 50 hommes d'armes, gouverneur de Calais et de Compiègne, nommé chevalier du Saint-Esprit en 1597.

Aymar de Chastes, conseiller du Roi en son Conseil d'État, vice-amiral de France, lieutenant général pour S. M. au bailliage de Caux, gouverneur de Dieppe, 1er février 1597. Le Roi lui fit payer 1,000 écus sol pour les frais du voyage fait par lui naguères en Angleterre, en compagnie du duc de Bouillon, et pour les dépenses que lui avait occasionnées la réception à Dieppe du comte de Shrewsbery (mandement du Roi du 6 décembre 1596). Avait sous lui, comme commandant au château d'Arques, le sr de la Pinpie, auquel il fallut payer une forte indemnité pour avoir, en 1593, fait nettoyer le château d'Arques, infesté de la maladie contagieuse, 1597. (Arch. de la S.-Inf., C. 1236.) Les revenus de l'abbaye de Fécamp avaient été attribués au commandeur de Chastes, qui les faisait toucher par un receveur général, Isambard Fleury, 28 janvier 1597.

Louis de Bueil, seigneur de Racan, conseiller d'État, capitaine de 50 hommes d'armes, maréchal des camps et armées du Roi, gouverneur du Croisic, nommé chevalier du Saint-Esprit en 1597.

François Néel, sr de Tierceville, commandant pour le Roi à Coutances, 27 janvier 1597.

Nicolas de Lannoy, chevalier, sr du lieu, gouverneur des villes et comté d'Eu, connétable du Boulonois, 18 décembre 1596.

Louis de Grimonville, sr de Larchant et de Chambray, chevalier de l'ordre du Roi, capitaine de 50 hommes d'armes de ses ordonnances, conseiller du Roi en ses Conseils d'État et privé, capitaine et gouverneur des ville et château d'Évreux, 11 novembre 1596 ; nommé chevalier du Saint-Esprit en 1597.

Louis de l'Hospital, marquis de Vitry, capitaine des gardes du corps du Roi et de 50 hommes d'armes, gouverneur de Fontainebleau et de Meaux, 30 octobre, 9 décembre 1596, 2 janvier 1597; nommé chevalier du Saint-Esprit en 1597.

Jean Du Faur, sr de Courcelles et du Fay, capitaine de 50 hommes d'armes des ordonnances du Roi, son lieutenant au gouvernement de Gergeau, 7 décembre 1596.

Jean de Bouzet, sr de Marines, mestre de camp d'un régiment de gens de pied, commandant pour le Roi au château de Ham, 4 novembre 1596.

Georges de Brancas, sr de Villars, capitaine de 50 hommes d'armes des ordonnances du Roi, gouverneur du Havre-de-Grâce et de Pont-de-l'Arche, 7, 13 janvier 1597; avait pour super-intendant de sa maison Bon de Serres, 21 décembre 1596; pour lieutenant, le sr de Goujon, que nous voyons logé à l'hôtel de la *Cornemuse*, paroisse Saint-Éloi de Rouen, 4 octobre 1598. Précédemment cité.

Claude de Lisle, sr de Marivaulx, chevalier des ordres du Roi, lieutenant pour S. M. en l'Ile-de-France et gouverneur de la ville de Laon, 4 janvier 1597.

Pierre Le Blanc, sr du Roullet, maréchal de camp aux armées du Roi, maître d'hôtel de sa maison ordinaire, gouverneur de la ville et citadelle de Louviers, 18 octobre 1598.

Germain Duval, chevalier, sr de Mareil en France, écuyer des écuries du Roi, capitaine de son château du Louvre, marié à Marie du Moulinet, 2 janvier 1597.

Salomon de Béthune, chevalier, baron de Rosny, bailli et gouverneur pour le Roi à Mantes. Françoise de Betheville, veuve de Jacques de Moy, sr de Pierrecourt, l'un des lieutenants généraux du Roi en Normandie, s'engage à lui payer 6,000 écus sol, 4 décembre 1596. Précédemment cité.

Jacques Le Roy, sr de la Grange, conseiller du Roi en son Conseil d'État et des finances, gouverneur pour S. M. en son château de Melun, 10, 24 janvier 1597. Le Roi, étant à Rouen, le dernier octobre 1596, écrivait au grand duc de Toscane une lettre de recommandation en faveur du fils du sr de la Grange, « l'un de ses plus fidèles et confidens serviteurs ». (Berger de Xivrey, *Lettres de Henri IV*, IV, 656.)

Jehan de Loupiac, sr de Moncassin, chevalier de l'ordre du Roi, capitaine de 50 hommes d'armes de ses ordonnances, gouverneur et lieutenant général pour S. M. en la ville de Metz, 11 janvier 1597. Le Roi signa au contrat de la vente faite à Loupiac par Antoine de Buade.

Louis d'Ongnies, comte de Chaulnes, gouverneur de Montdidier, Péronne et Roye, nommé chevalier du Saint-Esprit en 1597.

Messire André de Sourdeval, sr du lieu, chevalier de l'ordre du Roi, gouverneur du comté de Mortain, 9 octobre 1596.

Charles de Neufville, châtelain et gouverneur de Pontoise, fils de Nas de Neufville de Ville-roy, 18 décembre 1596.

Balthasar Flotte de Montauban, sr de Rocheharon, de Montmaur, conseiller du Roi en ses Conseils d'État et privé, capitaine de 50 hommes d'armes de ses ordonnances et gouverneur pour S. M. ès ville et citadelle de Romans au bailliage de Saint-Marcellin en Dauphiné, 13 janvier 1597.

Antoine de Buade, sr de Frontenac, écuyer ordinaire de la petite écurie, gentilhomme ordi-naire de la chambre du Roi, lieutenant de sa vénerie, capitaine pour S. M. aux châteaux de Saint-Germain-en-Laye, 11 janvier 1597.

Eustache de Conflans, vicomte d'Ouchie, gouverneur de Saint-Quentin, lieutenant général des armées du Roi, nommé chevalier du Saint-Esprit en 1597.

Charles-Timoléon de Beauxoncles, sr de Sigongnes, capitaine de 50 hommes d'armes des ordonnances du Roi, pourvu par S. M. de l'état de capitaine du château de Sauveterre; s'en démet en faveur d'Arnaut de Pardaillan, 9 juin 1596.

Louis de Montmorency, chevalier, sr et baron de Bondeville, Pierry et Gaillarbois, gentilhomme ordinaire de la chambre du Roi, capitaine de 50 chevau-légers, bailli et gouverneur de Senlis, 29 novembre 1596.

Philippe de Senneton, chevalier de l'ordre du Roi, conseiller de S. M. en son Conseil d'État et capitaine de 50 hommes d'armes de ses ordonnances, bailli et capitaine de Sens; Marie Clance(?), sa femme, 14 novembre 1596.

Jacques de Lonnat, écuyer, sr de Bossuzet, gouverneur pour le Roi en la ville et forteresse de Tombelaine, 11 novembre 1596.

Aymar de Poysieux, sr du Passage-Saint-Georges et de Bellegarde, gentilhomme ordinaire de la chambre du Roi, capitaine de 50 hommes d'armes de ses ordonnances, gouverneur pour S. M. en la ville et citadelle de Valence en Dauphiné; logeait chez la veuve du sr Fizet, conseiller au parlement, paroisse Saint-Patrice de Rouen, 9 novembre 1596.

Jean-Baptiste d'Ornano, colonel général de toute l'infanterie corse, capitaine de 100 chevau-légers, capitaine et viguier à Villeneuve et Saint-André-lès-Avignon; donne procuration pour résigner sa viguerie de Villeneuve, 26 novembre 1596.

CAPITAINES.

Jean de Madaillan, chevalier, sr de Montatère, capitaine de 100 hommes d'armes sous la charge de Mgr le prince de Condé, qui lui avait attribué le droit de nommer un maître de chaque métier dans toutes les villes du royaume, 2 novembre 1596; logé à Rouen en la maison du sr de Reuville. Signe : Jan de Madalian.

Louis d'Angennes, baron de Maintenon, chevalier des ordres du Roi, conseiller du Roi en ses Conseils d'État et privé, capitaine de 50 hommes d'armes de ses ordonnances, 14 décembre 1596. On rencontre à Rouen, à la même époque, Charles d'Angennes, sr du Meslay.

Jacques d'Apchon, baron de Saint-Germain-des-Fossés en Bourbonnais et y demeurant, sr de Husseau, chevalier de l'ordre du Roi, capitaine de 50 hommes d'armes de ses ordonnances, 13 novembre 1596, 14, 27 janvier 1597. Étant à Rouen avec sa femme Catherine Séguier, y marie sa fille Anne à Gilbert des Moulins, écuyer, sr de Villards et la Saussaye, guidon de la compagnie de M. de Montpensier, capitaine de Vodable, demeurant à Villards, paroisse de Beaumont, 16 janvier 1597.

Charles, sire de Créquy, prince de Poix, capitaine de 50 hommes d'armes des ordonnances du Roi, 16 novembre 1596; logé à Rouen paroisse Saint-Vincent, chez la dlle de Saint-Victor des Champs, 9 décembre 1596.

Nus de Harlay, sr de Sancy, chevalier de l'ordre du Roi, conseiller en ses Conseils, capitaine de 50 hommes d'armes de ses ordonnances, colonel général des gens des Suisses, 4 novembre 1596; à Rouen avec Marie Moreau sa femme, 25 janvier 1597. Signe : Harlay Sansy. Avait accompagné le duc de Bouillon à l'ambassade d'Angleterre.

Adrien de Montluc Montesquiou, prince de Chabanes, comte de Carman, capitaine de 50 hommes d'armes des ordonnances du Roi, 7 janvier 1597.

Berard de Pardaillan ou de Ségur, sr de Pardaillan et de Seiches, demeurant à Seiches en Agénois, capitaine de 50 hommes d'armes, 26 novembre, 12 décembre 1596. Signe : Pardaillan. Avait acquis récemment la s^{rie} d'Aulnoy, tenue du Roi à cause de la châtellenie de Mortemer. Lettres en sa faveur du 15 décembre 1596. (Archives de la Seine-Inférieure, C. 1236.)

Henri du Breul, capitaine d'une compagnie du régiment de Piémont, 25, 27 janvier 1597.

Paul Dantitz, capitaine d'une compagnie de gens de pied français entretenue au régiment de Picardie, frère de Gabriel Dantist, s^r de Mausan, 7 janvier 1597.

Simon Gabeau, dit le capitaine Langevin, à la suite de la Cour, 2 janvier 1597.

De la Grolière, aide de maréchal de camp des armées du Roi, 17 décembre 1596.

François de Grilles, capitaine des gardes du Roi en la ville d'Arles, 20 janvier 1597.

François de Lartigue, capitaine d'une compagnie du régiment de Piémont, 27 janvier 1597.

Arnaud de Montbelon, s^r d'Aquin, lieutenant de la colonelle du régiment de Piémont, 9 décembre 1596.

Hue du Pin, écuyer, capitaine d'une compagnie de gens de pied pour le service du Roi au régiment du s^r de la Roche; touche 45 écus pour vente d'un cheval, 14 janvier 1597.

Henri de Ras, maître de camp d'un régiment de pied entretenu en l'armée du Roi, 5 décembre 1596.

François du Vernet, d'Agen, capitaine d'une compagnie de gens de pied français entretenu au régiment de Picardie, 6 décembre 1596.

GENTILSHOMMES ORDINAIRES DE LA CHAMBRE DU ROI.

Roger de Saint-Lary et de Bellegarde, s^r de Bellegarde et de Bures, 1er gentilhomme de la chambre du Roi, grand écuyer de France et gouverneur pour S. M. de Henriearville; dit aussi le s^r de Termes, 26 novembre, 28 décembre 1596; 4 janvier 1597.

Nicolas d'Angennes, chevalier des ordres du Roi, conseiller du Roi en ses Conseils d'État et privé, capitaine de 100 gentilshommes de la maison de S. M., s^r de Rambouillet, vidame du Mans, sénéchal du Maine, marié à dame Julienne d'Arquency, 21 décembre 1596.

Le sieur de Beaulieu Sasserie; venait de faire plusieurs voyages pour les exprès affaires et service du Roi; avait été envoyé de Parthenay vers le Roi par le s^r de Malicorne, lieutenant général au pays de Poitou; une autre fois à Nantes et à la Ganache, pour traiter et conclure de la trève du Poitou avec le duc de Mercœur; renvoyé vers le roi, de la part du s^r de Malicorne, pour traiter de la ville de Ganache, et vers le s^r de Malicorne, de la part du Roi; on lui paya 1,500 écus sol par mandement du Roi, du 22 décembre 1596. (Archives de la Seine-Inférieure, C. 1237.)

Louis du Bex, écuyer, s^r de Saint-Léger, gentilhomme ordinaire de la chambre du Roi, 16 janvier 1597.

Louis de Bourbon, chevalier, s^r de Rubempré et de Saint-Remy, gentilhomme ordinaire de la chambre du Roi, 12 décembre 1596.

Antoine de Canouville, chevalier de l'ordre du Roi, gentilhomme de sa chambre, s^r de Raffetot, demeurant à Raffetot-en-Caux, âgé de 50 ans, 9 décembre 1596.

Antoine de Caumont, s^r de Saron, gentilhomme ordinaire de la chambre du Roi, natif de Gascogne, 3 janvier 1597.

Ferry de Choiseul, s^r de Plessis, baron de Chitry, gentilhomme ordinaire de la chambre du Roi, 8 janvier 1597.

Jean de Courseulle, chevalier, sʳ de Rouvray, gentilhomme ordinaire de la chambre du Roi, lieutenant des gardes de S. M., marié à Marie de Hattes, 14 janvier 1597.

Joseph de Crichefillet, sʳ de Saint-Martin de Ville Englouse, conseiller du Roi en son Conseil d'État, gentilhomme ordinaire de sa chambre, chambellan du prince de Conti, 10 janvier 1597.

Alexandre d'Elbene, conseiller du Roi en son Conseil d'État, gentilhomme ordinaire de sa chambre, capitaine de 50 hommes d'armes des ordonnances de S. M., 12 décembre 1596. Henri IV, étant à Rouen, écrivit au grand duc de Toscane pour lui recommander Antoine del Bene, qui se rendait en Italie pour y achever son instruction. « Entre les maisons florentines qui ont servy cette couronne, j'aime, écrivait-il, particulièrement la maison des del Bene. » (Berger de Xivrey, *Lettres de Henri IV*, IV, 666.) Un membre de cette famille, Alphonse del Bène, était abbé de Maizières.

Julien d'Elbene, gentilhomme ordinaire de la chambre du Roi, 4 janvier 1597.

Jean du Fay, écuyer, sʳ du Taillis, gentilhomme ordinaire de la chambre du Roi, 4 novembre 1596; avait été nommé le 13 mai de la même année.

Claude de la Ferrière, chevalier, l'un des 100 gentilshommes de la maison du Roi, capitaine de 100 chevau-légers, demeurant au Mesnil-Thébaut, vicomté de Mortain, dernier mai 1597.

Isaac de Gerponville, sʳ du lieu et de Belbeuf, gentilhomme ordinaire de la chambre du Roi, capitaine de 50 chevau-légers, âgé de 30 ans, 10 décembre 1596.

Geoffroy Girard, sʳ de Bechemore, gentilhomme ordinaire de la chambre du Roi, marié à Françoise de Moy, fille aînée de feu Charles de Moy, chevalier de l'ordre du Roi, sʳ de Boschyons, gouverneur du Château-Gaillard, 11 décembre 1596. Sa belle-sœur, Claire de Moy, mariée à Nᵃˢ de Courtils, écuyer, sʳ de Talmoutier, 11 décembre 1596; demeurait au Quesnoy, près Gournay.

Jérôme de Gondi, gentilhomme ordinaire de la chambre du Roi, 24 janvier 1597.

Charles de Goustimesnil, gentilhomme ordinaire de la chambre du Roi, sʳ de Bosrosé, demeurant à Bosrosé, par. de Baignerville-en-Caux, 17 et 19 novembre 1596. Le Roi lui fit plusieurs dons.

Pierre de Grimonville, baron de Larchant, gentilhomme ordinaire de la chambre du Roi, capitaine de 600 chevau-légers, mestre de camp d'un régiment de 2,000 hommes de pied, 5 décembre 1596.

Pierre de Harcourt, chevalier de l'ordre du Roi, gentilhomme ordinaire de sa chambre, capitaine de 50 hommes d'armes des ordonnances de S. M., baron de Beuvron, sʳ de la Motte, Saint-Laurent-en-Caux, Courtonne, Touchet, Fresnay-le-Puceux, 5, 10 décembre 1596, 14 janvier 1597; accompagné de sa femme Gillonne de Matignon, 14 janvier 1597; demeurait à Beuvron et à Fresnay-le-Puceux; alors âgé de 46 ans.

Robert de Harcourt, sʳ de Chatignouville, gentilhomme ordinaire de la chambre du Roi, lieutenant de 100 hommes d'armes de ses ordonnances sous la charge de M. le comte de Créances, âgé de 31 ans, 10 décembre 1596.

René de Hauteville, écuyer, sʳ des Genetais, gentilhomme ordinaire de la maison de S. M., demeurant en la paroisse du Mesnil-Thébaut, dernier mai 1597.

Robert de Harlay, sʳ de Montglat, chevalier, gentilhomme ordinaire de la chambre du Roi, 3 janvier 1597.

François Larcher, sʳ de Courperon, gentilhomme ordinaire de la chambre du Roi, 5 décembre 1596.

4

Claude de Laubespine, baron de Châteauneuf-en-Brie, gentilhomme ordinaire de la chambre du Roi, 8 janvier 1597.

Robert de Montbec, écuyer, sʳ de Champenon, gentilhomme ordinaire de la chambre du Roi, âgé de 33 ans, 10 décembre 1596.

Charles de Moy, gentilhomme ordinaire de la chambre du Roi, baron de Néhou; qualifié marquis de Moy, conseiller du Roi en ses Conseils, capitaine de 50 hommes d'armes de ses ordonnances, châtelain de Beauvais-en-Beauvaisis, Bellencombre, Charlemesnil, Ry, Grainville, Vascœuil, Saint-Denis-le-Thibout; logé à Rouen, au Mouton-Rouge, paroisse Saint-Sauveur, 14 et 18 octobre 1596.

Charles de Péron, gentilhomme ordinaire de la chambre du Roi, 14 janvier 1597.

Geoffroy Remon, sʳ de Cusy, gentilhomme ordinaire de la Chambre, 7 janvier 1597.

Pierre de Rochefort, chevalier de l'ordre du Roi, sʳ et baron de Sallevert, gentilhomme ordinaire de la chambre du Roi, 6 février 1597.

Aymar de Prye, chevalier de l'ordre du Roi, gentilhomme ordinaire de sa chambre, baron et châtelain de Toussy, sʳ de Beuzeville, Saint-Vigor, les Essarts, Freuleville, la Chaudière, le Mesnil-Durécu, Pimont, Yerville, Commanville, faisant sa résidence en son manoir de Beuzeville, 15 octobre 1596; il vend une rente à Jean Cavelier, mercier-grossier de la paroisse Saint-Jean.

Horatio Rucellai, florentin, gentilhomme ordinaire de la chambre du Roi, faisant sa résidence habituelle en la ville de Rouen, 3 et 16 janvier 1597; agit comme procureur de son frère Annibal, évêque de Carcassonne, abbé de Signy et de Saint-Jean-de-Jard.

Sanson de Saint-Germain, écuyer, sʳ de Juvigny, gentilhomme ordinaire de la chambre du Roi, dernier septembre 1596; figure dans un autre acte du 10 octobre de la même année, comme conducteur de Charles Martel, châtelain de Basqueville.

Claude de Sansay, sʳ de Cossix et de la Motte-Fouqué, chevalier de l'ordre du Roi, gentilhomme ordinaire de sa chambre, demeurant à la Motte-Fouqué en Normandie, 7 mars 1597.

François de Sevestre, l'un des 100 gentilhommes ordinaires de la maison du Roi, sʳ de Beauchesne, 20 novembre 1596.

René de Thou, écuyer, sʳ de Bonœil, gentilhomme ordinaire de la chambre du Roi, 8 janvier 1597; avait vendu la seigneurie de Gonesse au 1ᵉʳ président de la Chambre des Comptes de Paris.

Sébastien Zamet, gentilhomme ordinaire de la chambre du Roi, 24 décembre 1596, 10, 24 janvier 1597.

ARTILLERIE.

François d'Espinay, sʳ de Saint-Luc, chevalier des ordres du Roi, capitaine de 50 hommes d'armes de ses ordonnances, gouverneur et lieutenant général pour le Roi en Brouage, son lieutenant général en Picardie, grand maître de l'artillerie de France, 23 octobre, 29 novembre 1596. Le 4 février 1597, il était à Abbeville, et ce fut là que le sʳ de Biron, lieutenant général de l'artillerie, lui envoya un messager.

Louis de Durfort, chevalier, sʳ de Born, lieutenant général de l'artillerie, 9 janvier 1597; nommé, cette année-là, chevalier de l'ordre du Saint-Esprit; 4 février suivant, paiement d'un messager envoyé par lui de Rouen à Abbeville vers le sʳ de Saint-Luc.

Jacques de Boyereau, écuyer, sʳ de la Barauderie, commissaire ordinaire de l'artillerie, ci-devant trésorier garde général d'icelle, 30 décembre 1596.

Charles Le Riche, écuyer, sᵣ de la Joignière, et Claude Guionneau, sᵣ de la Motte, commissaires ordinaires de l'artillerie, 9 janvier 1597.

Marcellin de Guillon, chevalier, sᵣ des Essarts, contrôleur général de l'artillerie, 29 novembre 1596.

Zacharie de Perelle, sᵣ de Sommery, trésorier garde général de l'artillerie, 30 décembre 1596.

Étienne Puget, trésorier général de l'artillerie, 9, 18 janvier 1597.

Gaston Midorge, conseiller du Roi, trésorier général de son artillerie, 4 février 1597.

Claude Durant, officier ordinaire pour le Roi en son artillerie, 3 janvier 1597.

Donat de Jacques, du canton de Zurich, nommé 1er canonnier ordinaire de l'artillerie sous le sᵣ de Saint-Luc. (*Confirmation de ses privilèges*, 1er février 1597. *Cour des Aides de Rouen.*)

Jean Monorel Queterie, canonnier ordinaire, 18 janvier 1597.

GARDES DU CORPS.

Louis de l'Hôpital, sᵣ de Vitry, capitaine des gardes du corps, précité, 30 octobre, 9, 11 décembre 1596, 2 janvier 1597.

Autres capitaines : Jacques Nompar de Caumont de la Force, 2 et 7 janvier 1597; — Charles de Choiseul, sᵣ de Praslin, chevalier des ordres du Roi, 5 novembre 1596, 2 janvier 1597.

Lieutenant, Jean de Courcelles, sᵣ de Rouveray, 9 décembre 1596.

Maréchal des logis de la garde et des écuries, François de la Font, 15 janvier 1597.

Trésorier payeur, Charles Millet, 28 octobre 1596. Gassion, trésorier payeur des gardes du corps sous la charge du sᵣ de Vitry, 25 janvier 1597.

Trésorier, Pierre Quesnon, sᵣ du Mont-de-l'Aigle; fit enregistrer, à la Cour des Aides de Normandie, le 20 décembre 1596, ses lettres d'anoblissement, datées du mois de juin 1596.

Archers : Louis Dupuys Herbault, dit la Joie, 2 janvier 1597; — Jean Du Vignau, dit Pergade, 7 janvier 1597; — Nᵃˢ Biquet, sᵣ de la Forge, 4 février 1597; — René Viguereux, 11 décembre 1596 ; — Ch. de la Chambre, Simon de la Vallée, René Derigault, écuyer, André Therin, 2, 6, 15 janvier 1597.

GARDE ÉCOSSAISE.

Archers : Jean Loir, 2 janvier 1597 ; — Duncan Mur, 7 janvier 1597 ; — Guillaume Lander, David Austaide, Archebal Morison, David Hierot, Georges Ramsay, Andrieu Tompson, 3 février; — Guillaume Coton, 1er janvier; — Jean Hamilton, écuyer, 8 janvier ; — Alexandre Wileson, sous la charge du sᵣ de Château-Vieux, 2 janvier 1597. — N. H. Antoine de Larche, trésorier payeur de ladite garde, 2 janvier 1597.

Le 17 octobre 1596, le chapitre fit payer à la garde écossaise 10 écus sol à titre d'*honnêteté*.

SUISSES.

Noble homme Catharin Daumalle, sᵣ de Mancel, gentilhomme ordinaire de la chambre du Roi, commandant aux 100 Suisses de la garde du corps du Roi, 18 novembre 1596.

Nas Lequay, prévôt des Suisses, 5 février 1597. (Cour des Aides.)

Blaise Verna, exempt des gardes suisses du corps du corps du Roi, 18 janvier 1597.

Hans Quartener, soldat du colonel Vizeler, 8 février 1597. *(Ibid.)*

Marc Aescher, bourgeois de Zurich, soi-disant chevalier et gentilhomme de la chambre du Roi, 8 février 1597. *(Ibid.)*

Nas Girard, sr du Tillet, trésorier des Ligues des Suisses et Grisons, 3 décembre 1596.

Les Suisses, pendant le séjour du Roi à Rouen, furent logés à Sotteville, Quatremares et Saint-Étienne. Ils firent quelques dégats dans la forêt. (*Mémoriaux de la Chambre des Comptes*, B. 16.)

Un suisse du nom d'Alain Ramsay était capitaine des mines et sapes du Roi en même temps qu'archer de la garde; il avait 12 soldats sous ses ordres, 13 février 1597. Il avait été nommé capitaine en remplacement du suisse Bellanger, décédé. Étant à Rouen, il fit confirmer les lettres de privilèges qui lui avaient été accordées, 18 janvier 1597. (Cour des Aides.)

MARÉCHAUSSÉE.

Le sr de Fontenay, grand prévôt de France, 14 janvier 1597.

Claude de Gobé, sr de Suresnes, chevalier de l'ordre du Roi, l'un des maréchaux de camp de ses armées et grand prévôt général de Normandie, maître d'hôtel ordinaire de S. M., 9 décembre 1596. Signe : Claude de Gobé.

Jérôme Le Roy, conseiller du Roi, procureur général de la Maréchaussée de France à la suite de la cour, 13 janvier 1597.

La Tour Morel, prévôt général de la maréchaussée de France en la province de Normandie, 17 janvier 1597.

Jean Malherbe, exécuteur des sentences criminelles de la prévôté de l'Hôtel du Roi et du grand prévôt de France, 1er janvier 1597.

MARINE.

Louis de la Martinière, trésorier général de la marine du Ponant, 15 janvier, 6 février 1597.

Bertrand de Lapralde, maître du navire *La Marie*, de Saint-Jean-de-Lus, apporta au Roi, de Saint-Jean-de-Lus à Rouen, 2,000 piques de Biscaye qui avaient été données à S. M. par ses sujets de Labour. Henri IV lui fit payer, pour port, fret et voiture, 520 écus; mandement du Roi du 8 novembre 1596.

Pierre Chauvin, sr de Tontuit, capitaine pour le Roi en sa marine du Ponant, demeurant à Honfleur, bourgeois et victuailleur pour le tout de 3 navires équipés pour le voyage de Terre-Neuve, 20 janvier 1597.

OFFICIERS COMPTABLES MILITAIRES.

Philippe d'Anquechin, trésorier général des réparations et fortifications de l'Ile-de-France et Picardie, demeurant à Paris, paroisse Saint-Nicolas-des-Champs, 19 octobre 1596.

Pierre Brechard, s^r de la Corbinière, super-intendant général des vivres et munitions des armées de S. M., 26 octobre 1596.

Jean du Portail, notaire et secrétaire du Roi, commissaire ordinaire des guerres, 16 novembre, 23 décembre 1596.

Trésoriers de l'ordinaire des guerres: Jacques de Chaumont, 16 décembre 1596 (Archives de la Seine-Inférieure, C. 1235); — Louis Habert, s^r du Mesnil, conseiller du Roi, secrétaire de ses finances, 4, 19 novembre 1596; — de l'extraordinaire des guerres, Jérôme Garrault, 23 janvier 1597; — Jean de Vauhardy, s^r de Saint-Martin et de Bouzac (pour la Champagne et Brie), 5 novembre 1596; — Pierre Le Charron, 26 novembre 1596.

Claude Michel, trésorier payeur de la gendarmerie de France, 24 décembre 1596.

GRAND CONSEIL, JUSTICE.

Philippe Hurault, chancelier de France, chevalier des ordres du Roi, comte de Chiverny, baron de Gallardon, Durcet, châtelain de Brethencourt, 20 octobre, 9 novembre 1596, 13 janvier 1597. Le dernier septembre 1596, le Chapitre nomma une députation pour aller lui présenter le pain et le vin. Cependant, d'après les *Mémoires* de Groulart, il ne serait arrivé à Rouen que le 7 octobre. Pendant le séjour de Henri IV à Rouen, le Conseil se tint plusieurs fois chez le chancelier. Ce fut lui qui fit part au Chapitre de l'ordre du Roi pour qu'un service solennel fût célébré dans la cathédrale à l'intention du cardinal Tolet. Ce service eut lieu le mardi 15 et non le lundi 14, ainsi que le dit Groulart, et ce fut l'archidiacre Le Pigny qui prononça l'oraison funèbre. Dans un acte du tabellionage, du 20 octobre 1596, on voit le chancelier stipuler pour son fils Philippe auquel il avait fait donner les abbayes du Valasse et de Royaumont. — Porta la parole, au nom du Roi, à l'Assemblée des Notables.

N^{as} de Neufville, chevalier, s^r de Villeroy, conseiller du Roi en ses Conseils d'État et privé, secrétaire de ses commandements et finances; fils de N^{as} Legendre, s^r de Villeroy; Magny, Alaincourt, baron de la Chapelle, la Roque, l'un des lieutenants généraux de S. M. en l'Ile-de-France; frère de Denise de Neufville, mariée à Henri Clausse de Fleury de Moléon, gentilhomme ordinaire de la chambre du Roi; père de Charles de Neufville, gouverneur de Pontoise, 18 décembre 1596; — avait pour commis Florent Pasquier, conseiller du Roi, secrétaire de ses finances et de sa chambre, qui logeait, rue Damiette, en la maison du s^r Le Clerc, commissaire ordinaire des guerres. — Claude L'Hoste, s^r de Villaines, comme procureur de N^{as} Le Gendre, loua à Charles de Saldaigne un hôtel rue des Bourdonnais, 1er décembre 1596.

Guillaume d'Affis, 1er président du parlement de Toulouse.

Pompone de Bellièvre, conseiller du Roi en ses Conseils, tuteur de son frère Albert, prieur de Longueville-la-Giffart, 1er février 1597.

Camus de Pontcarré. — 18 octobre 1596, pain et vin présentés, de la part du Chapitre, à M. de Pontcarré, conseiller au Grand Conseil, « à raison qu'il estoit rapporteur du procès touchant le privilège de Mons. S. Romain. » — 25 octobre, « on s'informera auprès de M. de Pontcarré de l'affaire du privilège. »

Jean Chaudon, 1er président de la Cour des Aides de Paris.

Octovien Douy, s^r d'Attichy, conseiller du Roi en son Conseil d'État, 13 janvier 1597.

Pierre Dufour de Saint-Jory, président à mortier au parlement de Toulouse.

Pierre Forget, s^r de Fresnes, Verets et Chisay, conseiller du Roi en son Conseil, secrétaire de ses commandements, 7, 18 novembre 1596; marié à Anne de Bavilliers, cousine germaine de Julienne d'Estrées et présent au contrat de mariage de ladite d'Estrées, 7 janvier 1597.

Martin de Fumée, conseiller du Roi en son Conseil d'État, s^r des Roches-Fumée et Saint-Quentin, 4 octobre 1596; à cette date fait son testament. Signe : des Roches Fumée; frère de Louis Fumée, qui se disposait à entrer dans l'ordre de Saint-Jean de Jérusalem ; neveu de l'évêque de Beauvais.

Achille de Harlay, 1er président du parlement de Paris.

Robert de Harlay, baron de Montglat, chevalier de l'ordre du Roi, conseiller en ses Conseils d'État et privé, maître de son hôtel, 12 novembre 1596.

Jean Nicolay, chevalier, s^r de Goussainville, 1er président en la Cour des Aides de Paris, conseiller du Roi en ses Conseils, 27, 30 décembre 1596.

Pierre Séguier, conseiller du Roi en ses Conseils d'État, 2e président du parlement de Paris, s^r de Brisson et châtelain de Sorel, 23 novembre 1596.

M. de Vallegrand, conseiller au Conseil d'État et privé, ayant pour secrétaire Esaïe Pechollier, 2 janvier 1597.

Méric de Vic, conseiller du Roi en son Conseil d'État, 10 décembre 1596.

Le premier président du parlement de Bretagne; les procureurs généraux des parlements de Paris et de Toulouse.

Étienne du Breuil, s^r de la Brosse, conseiller du Roi, maître des requêtes de son hôtel, 16 décembre 1596; marié à Jeanne de Choursses.

François de Clary, conseiller du Roi, maître des requêtes de son hôtel, juge maige de Toulouse, 14 novembre 1596.

Michel de Marillac, conseiller du Roi, maître des requêtes de son hôtel, 9 novembre 1596, 10 janvier 1597; marié à Marguerite Barbe; logé à Rouen, en la maison des Papegaux, rue Écuyère, avec son frère Louis, s^r de Farivillers.

Me Hilaire l'Hoste, conseiller, notaire et secrétaire du Roi à la suite de la cour, 8 janvier 1597.

Antoine de Loménie, conseiller, notaire et secrétaire du Roi, 1er janvier 1597.

Potier, secrétaire du Roi, 8 novembre 1596.

Onésime Soubzmain, écuyer, s^r de Clerville, conseiller, secrétaire du Roi, 29 nov. 1596.

Aristarque de Tardieu, secrétaire du Roi et de Mgr de Nevers, logé paroisse Saint-Cande-le-Jeune, 10 février 1597.

Antoine Le Febvre, s^r de la Boderie, conseiller et maître d'hôtel ordinaire du Roi; donne procuration pour acheter en son nom, de Jean Touchard, qui venait d'être nommé à l'évêché de Meaux, la terre de Beauregard au bailliage de Gisors, pour 2,500 écus, 16 décembre 1596; logé chez Ambroise Marc, procureur au parlement.

Isaïe Brochard, s^r de la Clyette, maître d'hôtel ordinaire du Roi, 7 novembre 1596.

Francisco de Niveloni, conseiller, maître d'hôtel ordinaire du Roi, 16 janvier 1597.

Robert Barat, conseiller et maître d'hôtel ordinaire du Roi, 4 janvier 1597.

Nicolas Hennequin, s^r du Fay, conseiller et maître d'hôtel du Roi, 6 janvier 1597.

Michel Érard, conseiller du Roi en son Conseil d'État et privé de Navarre, dernier février 1597.

Simon Prevost, secrétaire du Roi en sa maison et couronne de Navarre, 9 janvier 1596.

FINANCES.

Michel Sublet, sr de Heudicourt, chevalier, conseiller du Roi en son Conseil d'État, intendant général des finances de S. M., 22 octobre, 19 novembre 1596; logeait chez Ch. Bulteau,
paroisse Saint-Cande-le-Jeune.

Charles de Saldaigne, sr d'Incarville et Bardouville, contrôleur général des finances du
Roi, 23 septembre, 22 octobre 1596; logé à Rouen au même domicile; logeait à Paris rue du
Grand-Chantier, près des Enfants-Rouges, 23 septembre 1596; avait pour femme Marie Digart, qui
bailla, en son nom, à ferme le domaine non fieffé de Bardouville. Pendant son séjour à Rouen,
acheta à Jean Bulteau 6,000 bas de chausses de drap ou estamet, 6,000 paires de souliers
de vache à quartier et 3 semelles, 5,000 mandilles, 5,000 hauts de chausses grecs de drap,
lesd. mandilles closes doublées de frise verte ou autre couleur, le tout de matière neuve,
pour gens de guerre, le tout livrable à Dieppe. — Le lundi 23 septembre 1596, le Chapitre
envoie saluer M. d'Incarville; le 26, il lui fait présenter le pain et le vin. Le dernier novembre,
il nomme une députation pour le prier d'obtenir de S. M. un acquit de 500 écus sol payés au
receveur de l'Union pour la cotisation de l'aliénation de l'an 1588. — A l'Hôtel-de-Ville, le
25 janvier 1597, délibération sur l'avis donné la veille par M. d'Incarville de la démolition du
fort Sainte-Catherine. « Avisé qu'il en sera communiqué avec le duc de Montpensier, et cependant ordonné au maître des ouvrages avoir le soin de faire rechercher les artilleries, fau-
conneaux et autres ustensiles appartenant à la ville. »

François Hotman, trésorier de l'épargne, 9 décembre 1596. Balthazar Gobelin, conseiller du
Roi en son Conseil d'État et trésorier de son épargne. (Archives de la Seine-Inférieure, C. 1235).
M. de Morfontaines, trésorier de l'épargne, 11 janvier 1597.

Claude de Montescot, trésorier des parties casuelles, 22 novembre 1596.

Jean Camus, sr de Saint-Bonnet, Godreville et la Chapelle, capitaine général des chasses
du bailliage de Rouen, 1597; conseiller du Roi, trésorier général de France et des coffres de
S. M., 9 décembre 1596, 11 janvier 1597.

Martin Ruzé, sr de Beaulieu, ancien secrétaire des commandements de la reine-mère, grand
trésorier des ordres du Roi. Il paya 250 écus à 2 menuisiers et charpentiers de Rouen, Jean
Baudouyn et Jacques Cousture, se disant l'un menuisier ordinaire du Roi, l'autre charpentier
du Roi, pour avoir fait et fourni le bois nécessaire pour les grands échafauds faits autour du
chœur de l'église Saint-Ouen et fait les autres barrières nécessaires pour la cérémonie de l'ordre
du Saint-Esprit, quittance du 9 janvier 1597. On trouve la signature de Ruzé au bas d'un mandement du Roi, daté du 9 décembre 1596.

Jacques Lemaire, trésorier des menus plaisirs et affaires de la chambre du Roi. Il paya
49 écus sol à Pierre De La Croix, maître du grand jeu de paume de la ville de Rouen pour
balles pour lui fournies à S. M., quittance du 22 janvier 1597. Il existait un grand jeu de
paume à l'intérieur même de l'abbatiale de Saint-Ouen où le Roi était logé, et ce fut là, sans
doute, que le Roi joua avec les seigneurs de sa cour. Mais il est à croire que le grand jeu de
paume où l'on acheta les balles n'était autre que le jeu de paume des Braques.

Pierre Le Roux, conseiller du Roi, son argentier, 14 janvier 1597. Je trouve ailleurs Jean
Le Roux, payeur de l'argenterie du Roi, 6 septembre 1597.

Me de Villebouzin, contrôleur de l'argenterie du Roi, 28 décembre 1596.

Me Jean Nicot, trésorier des menues affaires de la chambre du Roi, 25 octobre 1596.

N. H. François Sauvat, conseiller du Roi, receveur de ses écuries, 30 janvier 1597.

Guillaume Sauguin, trésorier payeur des écuries, 24 octobre, 11 décembre 1596, 13 janvier 1597.

Abdenago de la Palme, contrôleur de la maison du Roi, 4 novembre 1596; était auparavant maître des comptes en Normandie.

André Négrier, maître de la chambre aux deniers du Roi, 4 février 1597.

Gabriel de Guenegault, naguères receveur général à Soissons, commis par S. M. au paiement des dettes contractées par le duc de Mayenne pendant les troubles; il est cité le 12 juillet 1597. (Archives de la Seine-Inférieure, C. 1236.)

Jean de Choisy, secrétaire du Roi et receveur général de ses finances, et André, son frère, fils et héritiers de Michel de Choisy, maître des ports et havres de Normandie, 7 janvier 1597. (Arch. de la S.-Inf., C. 1236.)

Isaac Le Tourneur, écuyer, conseiller et secrétaire du Roi et de ses finances, à la suite de la cour, 8 janvier 1597.

M. de Villebouzin, contrôleur de l'argenterie du Roi.

Florent d'Argouges, receveur des gabelles de France, 24 décembre 1596.

SECRÉTAIRES DE LA CHAMBRE DU ROI.

Jean Baudu, 4 février 1597; — Charles Boyvin, 7 janvier 1597; — François Danyel, écuyer, 16 janvier 1597; — Jean Defferré; il stipule au nom de M. de Sancy, colonel général des Suisses, 26 novembre 1596; — Jean Dubouchet, 20 janvier 1597; — Gilles Formentin, 4 février 1597; — Joseph Le Grand, 18 novembre 1596; — Guillaume Le Vacher, 14 janvier 1597; — Claude L'Hoste, sr de Villaines, 21 novembre 1596; — N. H. Bernard de Loûans, contrôleur ordinaire des guerres, veuf de Madeleine Dubois, 5 février 1597; — Étienne Marchand, 17 janvier 1597; — N. H. Nas Pajot, 13 décembre 1596; — N. H. Jean Vincent, 4 février 1597. — Secrétaires ordinaires : Jean Dorron, 5 février 1597; — Hubert Guerrier, 18 janvier 1597; — Pierre Hardouyn, 21 janvier 1597; — Antoine Le Mareschal, écuyer, fils de Pierre Le Mareschal et d'Anne Le Gras, de Saint-Germain-des-Fossés, marié à Marguerite Ferrant, fille de Jean Ferrant, sr de la Fontaine, et de Jeanne Le Maindre de Blois, assiste au traité de mariage de Pierre Le Maindre, commissaire ordinaire de l'artillerie, 25 janvier 1597; — Richard Testu, 9 janvier 1597.

Roi d'armes de France, Denis Breton, touchant 41 écus 2 tiers par quartier, 11 déc. 1596.

Roi d'armes des ordres du roi, N. H. Jean Dugué, 10 janvier 1597.

Contrôleur de la maison du Roi, Honoré Barentin, 4 janvier 1597.

VALETS DE CHAMBRE DU ROI.

Nas de Bailleul, l'aîné, sr de Vattetot-sur-Mer, et son frère le sr de Drumare et du Chesnay, 18 janvier 1597; — Pierre Biard, 15 décembre 1596; — François Daigua, écuyer, 7 janvier 1597; — Géraud Delergues, précédemment argentier du maréchal de Biron, 7 janvier 1597; — N. H. Jean Du Boys, 3 février 1597; — Louis Féret, maître des eaux et forêts à Sens, 2 janvier 1597; — Guichard, employé par commandement du Roi et pour ses affaires et services en certains lieux secrets, payé 500 écus sol, par mandement du Roi, Rouen, 22 novembre 1596;

François de Merenges, écuyer, valet de chambre de Madame sœur du Roi, en même temps que valet de chambre de S. M., 24 janvier 1597; — Pierre Soppite, 14 décembre 1596.

Grands valets de pied du Roi : Étienne Darthiague, 6 janvier 1597; — François Henriot, dit le Cousin, 29 octobre 1596; — Henri Videgain, 6 janvier 1597.

Valet de la garde-robe, Michel Hagot, écuyer, 28 janvier 1597.

Autres valets de chambre dont les métiers sont spécifiés : Albin Ducarney, orfèvre, 13 janvier 1597; — David Vimont (*Mémoires de la Chambre des Comptes*, arrêt du 7 février 1597, B. 6); — Alexandre le Vieil, parfumeur, 5 février 1597; — Pierre Vallet, brodeur; fait un pourpoint pour M. le duc de Montpensier, 22 novembre 1596. Ce ne fut pas lui, mais un brodeur de Rouen, Guillaume Delaître, qui fit, pour le Roi, la cotte d'armes qu'il porta à son Entrée à Rouen, le 14 octobre. Cette cotte d'armes, de velours violet cramoisi, couverte de 12 fleurs de lis d'or fin et du titre de Bourbon, garnie de ses franges et cordons et doublée de taffetas violet cramoisi, fut payée 106 écus, le 6 septembre 1597.

Varlets des espagneux de la chambre du Roi, Bernard de Sallavert et Étienne Havart, aux gages de 103 écus, 15 sous, 23 janvier 1597.

Varlets des levrettes de la chambre du Roi, Thomas Godeloup, Bertrand Dupont, Bertrand Du Cassiau, 21 octobre 1596; — Jean Boullement, 2 janvier 1597. Leurs gages étaient de 66 écus par an.

Huissiers de la chambre du Roi, Daniel Du Moulin, sr de Saint-Vigor, 4 février 1597; — Jacques du Boys, 28 décembre 1596; — Julien Huberson (*Mémoriaux de la Chambre des Comptes*, arrêt du 1er février 1597, B. 6).

OFFICIERS DE BOUCHE.

Philippe de Clerey, écuyer de cuisine de bouche du Roi, 29 janvier; — Fleurant Morin, *id.*, 9 janvier; — Abraham Du Portau, batteur de cuisine de bouche du Roi, 6 janvier; — Laurent Brison, serviteur de cuisine, 11 janvier; — Jacques Bresel, écuyer d'échansonnerie du gobelet, 3 janvier; — André Dumont, sr du Fay, chef du gobelet, 26 janvier; — Esaye Fousteau, sommelier du gobelet, 1er janvier 1597; — Denis Flipoteau, chef de la paneterie de bouche du Roi, 12 octobre 1596; — André Targas et François Sorin, pourvoyeurs de la maison du Roi, 7 novembre 1596, 5 février 1597, ledit Sorin signalé comme ayant son domicile à Tours, 11 janvier 1597; — Henri Mocet, 7 janvier 1597; — Pierre François, verdurier de la cuisine du Roi, 2 janvier 1597; — Toussaint Repasse, autre verdurier de la cuisine, 2 janvier 1597; — Orbain Dupont, marchand *circuitier* suivant la cour, 7 janvier 1597; — Pierre Ernault, fruitier ordinaire du Roi. — Marchande cabaretière publique suivant la cour, 11 janvier 1597.

AUTRES OFFICIERS.

Apothicaire du Roi, Galliot de Jouffrion, 14 janvier 1597.

Barbier et chirurgien du Roi, N. H. Pierre Le Gendre, se qualifiant 1er barbier et chirurgien. — Antoine Portail, se qualifiant valet de chambre et 1er chirurgien du Roi, 29 octobre, 17 décembre 1596.

Coffretier et malletier de la chambre et garde-robe du Roi, François Le Marié, 2 novembre 1596, 7 février 1597.

Colletier du Roi, Germain Ravel, 17 janvier 1597.

Cordonnier du Roi, Jean Gaudon, 7 janvier 1597. — René Picart, cordonnier suivant la cour, 14 décembre 1596.

Écrivain ordinaire du Roi, Jean de Beaugrand, 2 janvier 1597. — Jean de Beaugrand, secrétaire et écrivain ordinaire du Roi et de ses Bibliothèques, demeurant à Paris, à sa Bibliothèque, à l'instance d'honorable homme Pierre Chariotty, marchand, de la paroisse Saint-Éloi à Rouen, prend le fils dudit Chariotty, nommé Isaac, âgé de 13 ans, pour le temps de 10 ans, avec engagement de lui faire apprendre l'art d'écriture, 2 janvier 1597.

Gouverneur des pages du Roi, Jacques de Puiseaux, 3 décembre 1596.

Imprimeur et libraire ordinaire du Roi, Pierre L'Huillier, 28 janvier 1597.

Intendant des jardins. N. H. Fabrice de Piro, intendant des jardins du Roi, au château de Moulins, résigne son office en faveur de Jean, son fils, 2 janvier 1597.

Maréchal des logis du Roi, Jean Pinelaire. Pierre Rabot, dit La Noue, et Thomas Le Large, ses fourriers, 4 nov. 1596.

Médecins ordinaires du Roi, André de Laurent, 3 février 1597. — N. H. Jean Dujon, de Béziers, 2 janvier 1597. — M. Bertrand, demeurant à Bazas, 2 janvier 1597. — Antoine Poussin, qualifié l'un des médecins ordinaires du Roi, avait été anobli en mars 1596. Il fit enregistrer ses lettres d'anoblissement à la Cour des Aides, le 9 janvier 1597.

Menuisier de la chambre du Roi, Pierre Roussel, aux gages de 12 écus par quartier, 18 octobre 1596, 25 janvier 1597. — Jean Baudouyn, menuisier ordinaire du Roi à Rouen, 25 janvier 1597.

Parcheminier du Roi, Guill. Le Maistre, 21 janv. 1597.

Porte-manteau ordinaire du Roi, Antoine Le Grand, sʳ de Montrecourt, 10 janvier 1597; — Jean Du Vergier, 6 janvier 1597 ; ce dernier, qualifié aussi grand valet de pied, fut envoyé avec Buzanval, ambassadeur du Roi, aux États des Provinces-Unies. (Berger de Xivrey, *Lettres de Henri IV*, IV, 683.)

Porteurs ordinaires du lit et coffre de la chambre du Roi, Jean Guion, Pierre Savoye, Jean Chemin, Massé Berson, 25 janvier 1597.

Porte-chaire ordinaire de la chambre du Roi, Jean Le Vieil dit la Vigne, 25 janvier 1597.

Raquetiers du Roi, Henri Regnould et Lucas Bertherot, 14 janvier 1597. L'existence de pareils officiers prouve l'importance que l'on attachait aux jeux de paume, pour la distraction des princes, dans un temps où le théâtre était à peine connu.

Tailleur suivant la cour, Jean de Pierenc, 30 janvier 1597.

Trompette ordinaire du Roi, Guillaume Allin, 24 octobre 1596.

Violons ordinaires du Roi, Baptiste et Pierre-Louis Delfinona, 16 janvier 1597.

Sommiers de la chapelle de l'oratoire du Roi, Nicolas Royer, Savinien Jolly, 14 janvier 1597.

ÉCURIES.

Fourrier de l'écurie du roi, Jean de Launay, 4 janvier 1597. — Lavandier de la petite écurie, Jean Garnier, 13 janvier 1597. — Capitaine des mulets de la chambre du Roi, Gervais Coyrin, aux gages de 200 écus, 25 octobre 1596. — Écuyer de la grande écurie, Benjamin. Il achète, chez Louis de Laulne, faiseur de lances à Rouen, 2 lances, 5 écus sol un tiers. 30 janvier 1597.

VÉNERIE.

Le maréchal de Brissac, grand fauconnier de France, 4 janvier 1597.

Capitaine général des chasses du bailliage de Rouen, Jean Camus, s^r de S. Bonnet, déjà cité. Le Roi lui avait donné 200 écus sol d'augmentation de gages sur les deniers provenant des amendes et confiscations adjugées aux eaux et forêts du bailliage de Rouen. Il donna, en même temps, une part des amendes aux gardes des forêts dudit bailliage, « afin qu'ils prissent plus soigneusement garde à la conservation des bestes sauvages des d. forêts pour en tirer le plaisir et récréation que le Roi désiroit ». 27 février 1595. Les lettres de don furent vérifiées à la Chambre des Comptes, 23 janvier 1597. (*Mémoriaux de la Chambre des Comptes*, B. 6.) — Gentilhommes de la vénerie, Jacques de Cantel, s^r d'Archembault ; Jacques du Moustier ; François de Chantonay, s^r de la Motte, aux gages de 20 écus 50 s. par quartier ; — Jérome Dupont, de Compiègne, Jean Le Dolle, 11 décembre 1596 ; — Barthélemy de Claireboys, 30 octobre 1596. — Gentilhomme servant de la fauconnerie, Guill. Racher, de Sainte-Croix-sur-Aizier, nommé à cette charge par Arthur de Cossé, comte de Secondigny, etc., grand panetier et grand fauconnier de France, 8 mars 1597 (Cour des Aides). — Sous-lieutenants de la vénerie, Jacques et Jérôme Du Moustier, 11 décembre 1596. — Archer des toiles de chasse de la vénerie du Roi, Jacques de Lu ; avait été nommé à cette charge par le grand fauconnier, 24 décembre 1581. — Jean Patrelet, gentilhomme de la fauconnerie, archer des toiles de S. M., 1er valet de chambre de M. le comte de Choisy, 21 janvier 1597. — François Le Vasseur, piqueur de la fauconnerie, 15 janvier 1597. — Boulanger de la vénerie, Bonaventure Patenotre, 7 novembre 1596. — Fourrier de la vénerie, Claude Sellier, 2 novembre 1596. — Page du Roi en sa vénerie, Antoine La Moulliere, écuyer, 30 octobre 1596. — Trésorier de la vénerie, toiles de chasse et fauconnerie, N^{as} Trouvé, 30 octobre, 11 décembre 1596.

Le 13 novembre 1596, le Roi s'amusa à courir le cerf. Je suppose que ce fut dans les forêts de Moulineaux et de Rouvray, et que le Roi avait fait choix d'une maison de plaisance. pour lui et pour Gabrielle d'Estrées, au faubourg de S. Sever. Il dit dans une lettre au connétable : « Le cerf vint mourir aux fauxbourgs de ceste ville et au lieu où je veux faire le jardin de la maison que je veux bastir qui me le fait affectionner davantage. » Dans une autre lettre au connétable, il lui écrit : « Demain (samedi 16 novembre), je m'en vais courre auprès de vous. Peut-être que la chasse me mènera où vous serez. » (Berger de Xivrey, *Lettres de Henri IV*, IV, 619.) Étant à Rouen, Henri IV avait formé le projet de former une nouvelle ville du côté de Bonne-Nouvelle. Ce projet paraît avoir peu souri aux échevins de Rouen. Il est certain qu'il ne reçut pas d'exécution. Il en est question dans les *Mémoires* de Groulart : « 8 déc. 1596 ; le Roy m'envoya querir et me fist de rechef entendre la grande volonté qu'il avoit de bastir la ville de S. Sever ; et je lui dis ce que nous avions avancé les autres commissaires et moi. » Il est assez singulier que le savant éditeur de ces *Mémoires* (Petitot, t. XLIX, p. 344) ait confondu Saint-Sever près Rouen avec Saint-Sever, petite ville de Gascogne, et nous entretienne, a ce propos, d'un projet formé par Henri IV d'établir dans cette ville une colonie de Mauresques, de la trahison de l'Hoste, commis de Villeroy, etc. La suite des *Mémoires* ne permettait pas cette erreur : « Diray qu'entre les plaisirs que le Roy a eus pendant son séjour, a esté celui de la chasse ; que de 32 cerfs qu'il a courus, il en a pris 31 ; de sorte qu'il se délibera vouloir bastir l'autre costé de la ville hors le pont. » (*Ibid.*, p. 366.) J'ai publié une note sur ce projet dans le *Bulletin de la Commission des Antiquités*, t. VI, p. 47. L'erreur, du reste, avait été relevée dans l'édition du *Panthéon littéraire*.

MAISON DE LA SŒUR DU ROI.

Noble homme Sanson Dujac, conseiller du Roi au Conseil de Navarre, maître des requêtes ordinaire de l'Hôtel de Madame, 10 mai 1597. — Pierre Feugueray, *id.*, 3 novembre 1596 (Arch. des Hospices de Rouen). — Isaac de Lechimia, argentier de Madame, 7 janvier 1597. — M. Louis de la Font, conseiller, notaire et secrétaire du Roi, trésorier général de la maison de Madame, 7, 18 janvier 1597.

M⁰⁰ Cécile Du Mouceau, dame de la Barre, dame d'honneur de Madame sœur unique du Roi, ayant pour femme de chambre Aquitérie Dardit, 7 janvier 1597 ; tutrice des enfants mineurs d'elle et du feu sʳ de la Barre, son mari, 1ᵉʳ décembre 1596.

Huissier-varlet de la chambre de Madame, Jean de Boville, 21 janvier 1597. — Maître sellier de l'écurie, Noel Le Brun, 11 décembre 1596. — Boulanger, Martin Gallé, 7 janv. 1597. — Fourrier des logis, Samuel Dornant, 7 janvier 1597. — Garçons du premier et du second carrosse de Madame, 16 janvier 1597. — Conducteur des mulets de la litière de Madame, Jean Dufour dit Taillefer, 16 janvier 1597. — Pourvoyeur de Madame, Georges Seillatz, 17 janvier 1597.

Madame, sœur unique du Roi, arriva à Rouen le mardi 12 novembre. Les échevins, le 9 novembre, avaient décidé qu'on irait au-devant d'elle à quelque quart de lieue seulement, et « que seroit suplié dispenser la ville de la fermeture des boutiques ». Le premier président ne crut pas devoir aller la saluer au nom de sa Compagnie. La cour ne fut représentée que par le président Le Jumel de Lisors, assisté de douze conseillers. On le blâma d'avoir usé des termes de Sérénissime Altesse, « chose qui sentoit trop la flatterie italienne ». (*Mémoires* de Groulart.)

Madame, sœur du Roi, partit avec Henri IV le jeudi |6 février 1597. Le Roi lui avait fait plusieurs dons. La vérification n'en fut pas obtenue sans difficultés à la Chambre des Comptes de Normandie.

DAMES.

Antoinette Duprat, marquise d'Allègre, veuve de Christophe, marquis d'Allègre et Blainville, 12 décembre 1596, 3 janvier 1597. Sa fille Marguerite épouse Georges Du Fay, sʳ de la Mezangère, 9 janvier 1597 ; présentes au contrat les deux sœurs de la future, Marie et Madeleine ; encore citées, 13 janvier 1597. Signature : D'Alegre.

Gabrielle de Laval, marquise de Nesle et comtesse de Joigny, veuve de Franç. Aux Espaulles, sʳ de Pissy, 4 janvier 1597.

Louise Le Picard, femme de Christophe de Bassompierre, logée chez la dame de Chanteloup, proche Saint-Lô de Rouen ; propriétaire à Thil-en-Bray, 28 février 1596.

Madeleine Le Picard de Radeval, femme séparée quant aux biens d'avec messire Jean de Chantelou, sʳ de Trie, gentilhomme ordinaire de la chambre du Roi, 18 octobre 1596.

Claude de Villetin, veuve de haut et puissant Guillaume Boretier, chevalier, sʳ du Château-d'Assy, dame de Gif, 5 janvier 1597.

Charlotte du Quesnel, dame de Grandchamp, veuve de feu messire Isaac de Briqueville, chevalier, sʳ d'Auzebosc, capitaine de 50 hommes d'armes des ordonnances de S. M., 11 octobre 1596.

Henriette de Clèves, duchesse de Nivernois et de Réthelois, qui s'était mariée avec Louis de Gonzague, duc de Mantoue, en 1566, 15 janvier 1597 ; elle vend la moitié de la seigneurie de Miennes, près Cosne-sur-Loire, à Franç. de Vielbourg, écuyer d'écurie du duc de Nivernois.

Catherine de Clèves, duchesse de Guise, comtesse d'Eu et de Beaufort, se faisant fort de Mgr. Louis de Lorraine, son fils, abbé de Saint-Denis et de Corbie, 22 novembre, 11 décembre 1596. Antoine de Voisins, son secrétaire, 15 novembre 1596. — Vente faite par elle de la ferme de Montrobert, autrement dite la Mezangueric, à Jean de Fontaines, écuyer, sᵣ des Érables, 3 janvier 1597.

Catherine de la Trémouille, princesse de Condé, veuve de Henri de Condé, comtesse de Taillebourg, dern. décembre 1596. Abjura en présence du légat et communia le 8 janvier 1597.

Charlotte de la Fayette, veuve de Jean de Dreux, sᵣ de Morainville, la Couyère et Mauny, gentilhomme de la chambre du Roi, 5, 14 décembre 1596.

Isabeau de Babou, femme de M. d'Escoubleau, comte de la Chapelle, sᵣ de Sourdis, conseiller d'État, lieutenant du gouvernement de Chartres, tante de la demoiselle d'Estrées, 7 janvier 1597.

Anne d'Est, duchesse de Genevois et de Nemours, tutrice de son fils Henri de Savoie, 17 décembre 1596.

Gabrielle d'Estrées. Elle était arrivée à Rouen dès le jeudi 10 octobre 1596, précédant le Roi de quelques jours, et fut logée au palais abbatial de Saint-Ouen, élégante construction d'un abbé commendataire du commencement du XVIᵉ siècle ; elle y prit une chambre au-dessus de celle qui était destinée au Roi. « Le vendredi 11 et le dimanche 13, le premier président Groulart vint la saluer, en ayant eu, comme il le dit dans ses *Mémoires*, commandement du Roi par les sieurs de Sainte-Marie (1) et de Feuquerolles. » Ce fut là qu'elle accoucha, un mois après, le 11 novembre 1596, d'une fille, Henriette-Catherine, qui fut légitimée au mois de février suivant, et qui épousa, en 1619, Charles de Lorraine, duc d'Elbeuf. La naissance de l'enfant fut annoncée par le Roi à M. de Harambure, 12 novembre : « Vous sçaurés que ma maistresse accoucha hier d'une très belle fille. » (Berger de Xivrey, *Lettres de Henri IV.*) Le baptême fut célébré à Saint-Ouen, le mercredi 17, avec le cérémonial observé aux baptêmes des enfants de France ; le cardinal de Gondy fit le baptême ; les maréchaux de Matignon et de Retz, MM. d'Épernon, de Nevers, de Nemours, de Montpensier, de Conti, y remplirent avec dignité les offices usités en pareilles occasions. Les marraines furent Mᵐᵉ de Guise, au nom de Madame sœur du Roi, empêchée à cause de sa religion, et Mᵐᵉ de Nevers. Le parrain fut le connétable. C'est à tort que de Thou signale comme présent à cette cérémonie le légat, le cardinal de Florence. Groulart, qui fournit les détails les plus circonstanciés, ne le nomme pas, et l'on sait d'ailleurs que ce personnage n'arriva à Rouen que le 13 décembre, vingt et quelques jours après la cérémonie. C'était déjà trop, pour honorer le baptême d'une bâtarde, de la présence des seigneurs de la cour et de tous les ambassadeurs des princes étrangers, qui avaient été officiellement invités à y assister, grand sujet de scandale, dit de Thou, pour les personnes sensées (2), et que ne put réparer la communion à la cathédrale, du 25 décembre suivant. Il faut plaindre plutôt qu'accuser les

(1) Henri-Robert Aux-Epanles, sᵣ de Sainte-Marie, qui fut depuis bailli de Rouen.

(2) *Quod (spectaculum) indignationem prudentioribus movit, qui id saltem in legati Pontificii et delegatorum regni conspectu ostentari minime oportuisse existimabant.* L'annotateur de la traduction de l'*Histoire de Thou* dit qu'en affectant cette magnificence hors de saison, on se proposa d'éprouver jusqu'où irait la patience de la nation. On voit, par une lettre

échevins de la ville qui rendirent à Gabrielle d'Estrées des hommages auxquels elle n'avait pas droit : ils lui firent porter les présents de la ville (17 octobre 1596), et, au départ de la cour, une députation se rendit, de leur part, à Franqueville, pour la saluer, ainsi que le Roi et la sœur du Roi (6 février 1597). Il est probable qu'il y avait des ordres exprès de Henri IV. Le Chapitre de la cathédrale se montra plus réservé ; il fit mettre sur son registre de délibérations, à la date du 17 octobre 1596 : « Est à noter qu'il ne fut délivré à Mme la marquise de Mousseaux, grande amye de S. M., ny pain ny vin, pour certaines causes lors alleguéez, à présent celéez. » Gabrielle d'Estrées assista, dit-on, derrière un rideau, à la cérémonie de l'ouverture de l'Assemblée des Notables, et plaisanta le Roi sur la déférence qu'il avait marquée aux membres de cette Assemblée. Henri IV signa, le 7 janvier 1597, au contrat de mariage de Julienne d'Estrées, sœur de sa maîtresse, avec Georges de Villars, gouverneur du Havre. Signait : Destrées, dans une procuration passée en la maison du Roi, 5 février 1597.

Claude-Marguerite de Gondi, marquise de Maignelais, dame d'Écouis et du Plessis, subrogée aux droits d'Albert de Gondi, son père, duc de Retz, maréchal de France, 18 octobre, 28 janvier 1597 ; elle était veuve de Florimond de Hallwyn, chevalier de l'ordre, marquis de Piennes et de Maignelais, gouverneur de la Fère.

Charlotte de Harlay de Sancy ; elle épousa, le 17 décembre 1596, Pierre de Bréauté, vicomte de Hotot. Le Roi avait songé à la marier à M. de Villars, afin de s'assurer la fidélité de ce seigneur. (Mémoires de Groulart.) Julienne d'Estrées fut préférée.

Catherine de la Marck, femme civilement séparée quant aux biens d'avec messire Jacques de Harlay, chevalier de l'ordre du Roi, sr de Chanvalon, Perrigny, la Roche, Montagu, ladite dame châtelaine de Bréval et de Villers, demeurant à Chanvalon en Bourgogne, penultième de décembre 1596.

Marguerite de Lorraine, duchesse douairière de Joyeuse, vicomtesse d'Argentan, veuve de feu haut et puissant seigneur Anne duc de Joyeuse, pair et amiral de France, gouverneur et lieutenant général de Normandie, demeurant à Chenonceaux, 20 décembre 1596. — Étienne Boulenger, maître d'hôtel, procureur général et intendant de sa maison, 23 novembre 1596 ; — Jacques Mallebranche, serviteur de Mme de Joyeuse, 14 février 1597.

Henriette-Catherine, duchesse de Joyeuse et comtesse de Bouchage, qui, peu de temps après, épousa Henri de Bourbon, duc de Montpensier.

Marguerite de Sainte-Colombe, veuve d'Antoine de l'Estang, chevalier de l'ordre du Roi, son chambellan ordinaire, 4 novembre 1596.

Charlotte de Chabot, dame de Dracy, Saint-Loup, Château-Guillaume et Conflans, veuve de Jacques Le Veneur, chevalier des deux ordres du Roi, comte de Tillières, gardienne de ses enfants mineurs, 9 septembre, 25 novembre 1596, 14 janvier 1597.

Damoiselle Marie Liébault, fille unique et héritière par bénéfice d'inventaire de défunt Me Jean Liébault, en son vivant conseiller et premier médecin de Madame sœur unique du Roi. Pour le refus fait par N. H. Me Adrien Chappellain, son mari, conseiller du Roi, auditeur de ses Comptes en Normandie, d'accepter la succession dudit Liébault, elle, usant de ses droits,

_____

de Sir Baskerville, que les soins de Henri IV pour Gabrielle d'Estrées étaient, parmi le peuple de Rouen, un sujet de plaisanterie, « in such sorte that the French sayd : Nostre Roy est devenu sage-femme de Madame la marquise. « and Espernon answered them » : Tout beau, Messieurs, il ne fault parler ainsy du Roy. » M. de Kermaingant, Mission de Jean de Thumery, 69.

donne procuration à son dit mari pour faire faire inventaire des biens du défunt. Signé : Marie Liébault-Chappellain, 12 novembre 1596.

Catherine Surreau, veuve d'Hervé de Longaunay, chevalier de l'ordre du Roi, lieutenant général pour le Roi en Basse-Normandie, 19 décembre 1596.

Marguerite Chabot, femme de Ch. de Lorraine, duc d'Elbeuf, pair et grand veneur de France, lieutenant général pour S. M. à Poitiers et pays de Bourbonnais ; logée en la par. Saint-Cande-le-Vieux, 25 octobre 1596, 19 février 1597.

Charlotte de Mouchy, dame douairière de Mailloc et Cailly, veuve de feu Nas de Mailloc, en son vivant chevalier, baron dud. lieu, 4, 7 décembre 1596.

Marie Brulart, veuve de François de Mailloc, en son vivant chevalier de l'ordre du Roi, baron de Cailly, gardienne de ses enfants mineurs, dernier septembre, 2 novembre 1596, 21 mai 1597.

Joachine de Rochechouart, dame de Rames, femme de Ch. Martel, sr de Rames, Basqueville, chambellan de feu M. le duc d'Anjou et son amiral en Flandre, 17 décembre 1597.

Madeleine d'Alamany, veuve de Mathieu de Martin, chevalier de l'ordre du Roi, premier maître ordinaire de son hôtel, sr de Mallisiq et de Léglantier, 14 novembre 1596.

Françoise de Betheville, dame du lieu, veuve de Jacques de Moy, sr de Pierrecourt, chevalier des ordres du Roi, l'un de ses lieutenants généraux du gouvernement de Normandie ; logée chez M. Baudry, avocat en la cour, par. Saint-Martin-sur-Renelle ; elle s'engagea à payer 6,000 écus sol à Salomon de Béthune, baron de Rosny, bailli et gouverneur de Mantes, 4 décembre 1596.

Roberte de Pellevé, veuve de Nas de Moy, sr de Vereynes et de Riberpré, chevalier des ordres du Roi, et son fils aîné, Léonor de Moy, 22 février 1597.

Catherine de Suzanne, femme de Charles, marquis de Moy, comte de Cerny, chevalier de l'ordre du Roi, conseiller du Roi en son Conseil privé, capitaine de 50 hommes d'armes de ses ordonnances, baron de Néhou, 5 février 1597.

Madeleine de Prye, fille de Réné de Prye, chevalier de l'ordre du Roi, gentilhomme ordinaire de sa chambre, sr de Prye, baron de Toussy, et, à cause de Jossinne de Sellos, sa femme, sr de Beuzeville, Saint-Vigor, les Essarts, Pimont, le Mesnil-Durécu, Commanville, 13 décembre 1596.

Claude de Graffart, veuve de François de Sabrevoys, chevalier, sr de Menou, dame d'Aulnay, 5 janvier 1597.

Frize de Montcassin, veuve de François de Saint-Pol, sr de Vidossen, gouverneur de la ville et citadelle de Calais, 16 janvier 1597.

Isabeau de la Tour, vicomtesse de Busancy, femme de Scipion Sardini, gentilhomme lucquois, 30 juillet 1596.

Catherine Maignard, dame de Bouges, Houville, Boscbenard-Cressy, veuve de Marc-Antoine Seghizo, sr de Bouges, maître d'hôtel de la Reine mère du Roi, capitaine de Vernon ; demeurant par. Saint-André de Rouen, 4, 5, 20 décembre 1596.

Marie de Sillans, fille aînée de feu Jean de Sillans, chevalier de l'ordre du Roi, gentilhomme de sa chambre, sr d'Hermanville, 15 janvier 1597.

Jeanne Gautier, veuve d'Isaac Veue, capitaine des mines du Roi, de la ville de Lausanne, en Suisse, 24 janvier 1597.

Marguerite de Lespine, veuve de Jean Ysoré, secrétaire du Roi, trésorier des réparations des places fortes de Normandie, 3 avril 1597.

A ces noms il faut, selon toute probabilité, ajouter celui de Marie de Bourbon, duchesse d'Estouteville, comtesse de Saint-Paul et dame de Trie, veuve de Léonor d'Orléans, duc de Longueville ; avait pour trésorier et receveur général Nicolas Tourtier, 25 janvier 1597.

DIVERS.

Maurice Allard, maître de grosses forges en la par. de Chambray, 15 janvier 1597. (Arch. de la S.-Inf., C. 1236.)

Jean Bionnau, lieutenant général de France à Moulins, 4, 9 janvier 1597.

Jean de Lobyer, écuyer, conseiller et secrétaire du feu duc d'Aumont, maréchal de France, lieutenant général pour le Roi en Bretagne, 18 novembre, 1er décembre 1596.

Louis de Bouliers, écuyer d'écurie de feu M. l'amiral, 24 décembre 1596.

Adrien sire de Bréauté, chevalier de l'ordre du Roi, conseiller d'État, capitaine de 50 hommes d'armes de ses ordonnances, colonel général des arrière-bans de Normandie, châtelain de Nainville, vicomte héréditai et châtelain de Hautot, âgé de 68 ans, 9 décembre 1596; héritier du sr de Hautot, son oncle, 11 décembre 1596.

Gabriel de Bricqueville, chevalier, sr de la Luzerne, 17 décembre 1597; demeurant à Isigny ; tuteur des enfants mineurs de son frère Paul de Bricqueville, châtelain de Colombières.

Trophime Delaune, sr de Picheron, bailli du Gévaudan, l'un des gentilshommes de S. M., et qui lui avait prêté 3,000 écus, 28 janvier 1597.

Francisco Delcampo Polo, gentilhomme de Naples, l'un des écuyers de la grande écurie, 17 janvier 1597. Le Roi établit en sa faveur une Académie pour la Normandie. Résidait à Rouen, paroisse Saint-Godard, dès le 24 juin 1596.

Thomas Delorme, conseiller du Roi, intendant des finances de S. M. en Dauphiné, Piémont et Savoie, 11 novembre 1596.

René d'Escampel, sr du lieu, à la suite de la cour, 16 janvier 1597.

Martin d'Espinay, chevalier, sr du Boscguerould, des Haies, de Trubleville ; demeurant au Boscguerould, 16 janvier 1597.

André de Fautereau, baron de la Mare, 9 janvier 1597.

Charistoval Frontin, gentilhomme espagnol, servant ordinaire de S. M., 7 janvier 1597.

Jacques de la Jugie, chevalier de l'ordre de Saint-Jean de Jérusalem, avec Henri de la Jugie, sr de Morèze, son frère, 15 janvier 1597.

Langlois, prévôt des marchands de Paris.

Le Gras, trésorier de France à Paris. (*Mémoires* de Groulart.)

Girard Le Lièvre, maréchal des logis au gouvernement de la ville de Metz, 1er nov. 1596.

Jean de Maynemares, seigneur et baron de Bellegarde et Fréville, 11, 23 décembre 1596.

Marchal, sr de Corbet, trésorier de France à Bourges. (*Mémoires* de Groulart.)

Ch. Martel, châtelain de Basqueville, Brachy, la Vaupalière, Pormor, Anglesqueville, 10 octobre 1596.

Milles Marion, trésorier de France à Montpellier, 9 janvier 1597.

Isaac Martel, châtelain de Lindebeuf et du Torp, 10 octobre 1596.

Tommes d'Oilleanson, sr de Saint-Germain-Langot, âgé de 55 ans, 10 décembre 1596.

François d'Ollivier, docteur ès droits, avocat au Parlement de Provence, 3 juillet 1596.

François Picot, baron de Couvay et en partie de Saint-Brice-sous-Montmorency, 3 janv., et Mathieu Brulart, grand maître des eaux et forêts, 7 janvier 1597.

Ch. de Prunelay, sr et baron d'Esneval, vidame de Normandie, et Claude de Prunelay, sr de Cazeran, 11, 23 décembre 1596.

Jacques de la Rouere, vicomte de Chamoy, 10 janvier 1597.

Talon, échevin de Paris. « En cette Assemblée (l'Assemblée des Notables), Langlois, Prévôt des marchands, chargé de parler pour le Peuple, s'en était si mal acquitté qu'il fallut que Talon, échevin, parlât pour lui, ce qu'il fit fort vertueusement : chacun en étant ébahi, le Roi, tout en gaussant, en donna la solution, disant que son Prévôt avait la langue au talon. » (*Histoire de France* de Mézeray.)

ÉTRANGERS. — LE LÉGAT.

Le cardinal de Florence, légat (1).

7 décembre 1596. « Sur l'advertissement eu que mons. le cardinal de Florence, légat, envoyé de notre saint-père le pape en ce royaulme de · France, arrivoit en bref en cette ville, en laquelle le Roy estant, S. M. veult et entent qui luy soit faict Entrée, ainsi que sa qualité et grandeur le requiert, et avec la plus' grande solempnité et honneur que faire ce pourra, sur quoy délibéré a esté prié M. le hault doyen le recevoir et faire la harangue et faict Entrée en la façon qu'elle fust à monsieur le légat de Fernaize, ainsi qu'il est contenu aux Registres, lesquelz seront délivrez au dit sr hault doyen pour en tirer extraits (2). »

« Monsieur Le Roy a esté prié s'acheminer par devers Monsr le légat et luy présenter ung extraict de l'Entrée de monsieur le légat de Fernaize qui luy sera délivré par le tabellion, et pour ce faict sera dispencé durant son voiage *per totum*. »

Jeudi 12. « M. Guernier, official, a présenté une lettre envoyée de la part de M. Le Roy, chanoine (3), contenant comme il a présenté à Mgr. le légat de Fleurence l'extraict de l'Entrée de Mgr le légat de Fernaize, faicte en cette ville, lequel seigneur a icelle receu bénignement avec grand désir de favoriser l'église et Chapitre en tout ce qu'il pourra. »

Vendredi 13. « Mgr. illustrissime et révérendissime cardinal de Fleurence, légat de notre saint père le pape Clement VIIIe, envoyé en ce royaulme de France, est arryvé en cette ville viron sur les quatre heures, et n'a faict Entrée (4), nonobstant que ce fust le désir du Roy, y estant pour lors, et dévotion de tout le peuple (5), lequel seigneur, arrivé sur le pont, assisté de MM. les princes de Conty, de Montpensier, gouverneur de cette ville, de Nemours, de Mayenne le jeune et autres seigneurs et gentilshommes, alla droit à son logis préparé en la maison d'un nommé de Senamy (6), marchand, demeurant au Marché aux Veaulx, et n'entra ledit jour dans l'église de céans, auquel lieu tous MM., tant chanoines que chappelains,

(1) Alexandre de Médicis, qui devint pape sous le nom de Léon XI.

(2) Le cardinal Farnèse, qui fit son entrée à Rouen le 14 janvier 1540.

(3) Un des auteurs de la *Ménippée*.

(4) Arriva à Rouen par eau, venant d'Elbeuf. Il ne voulut pas d'Entrée, parce qu'il craignait de donner lieu aux mêmes difficultés dont il avait eu à se plaindre à Paris. (*Mémoires* de Groulart.)

(5) Voir les lettres du Roi à l'archevêque et à la ville. La lettre à l'archevêque a été publiée par Berger de Xivrey, *Lettres de Henri IV*.

(6) Barthélemy Cenamy, traitant et banquier italien, qui fit, avec Sébastien Zamet, des prêts à Henri IV. (V. *Mémoriaux de la Chambre des Comptes*, 29 janvier 1597.) En 1600, un nommé Pandolphe Cenamy est cité comme bourgeois de Rouen, domicilié par S. Sauveur.

estoient disposez à le recevoir avec grande dévotion, et pour lors sonnoit la cloche de Georges d'Amboise à plein son. »

Samedi 14. « M. Péricard, hault doyen, a esté pryé aller saluer, de la part du Chapitre, Mgr. le légat, assisté de douze de MM., tant des dignitez que des plus antiens.

« M. de la Roque, thésaurier, a esté député pour aller présenter pain et vin à Mgr. le légat, et pour l'acompengner ont esté nommez six de MM. les dignitez, assavoir MM. les chantre, archidiacres, Vigor, Pigny et Sansson, Tourmente et Bigot, chanoines. »

Jeudy 19. « Affin d'estre résolut de la procession générale remise à demain, auquel jour Chapitre est termé *per juramentum*, et cependant M. l'archidiacre Le Pigny a esté pryé aller par devers Mgr. le légat luy fere trouver bon et par mesme moyen en conférer à M. le grand omosnier. »

Vendredy 20. « Sur ce qu'il auroict esté remis à ce jour d'huy pour délibérer et ordonner, tant d'une procession généralle pour l'heureuse arryvée de Mgr. le cardinal de Florence, légat de notre saint père le pape en ce royaume de France, que pour adviser à depputer quelques-uns de la compengnie pour l'aller supplyer faire l'office le jour et feste de Nouel prochaine, à raison que S. M., estant en cette ville, désire assister à la grande messe du jour, en laquelle il veult communier, a esté arresté, conclud et ordonné que ladicte procession *générale* sera différée jusques au jour que sera célébré ung jubillé octroyé par notre saint père le pape de planière rémission à tous fidèles chrétiens, vrais contricts et repentans (1), et pour supplyer mon dict seigneur le légat de faire l'office de la haulte messe le jour de Nouel prochain a esté depputé M. Dadré, pénitencier, qui sera assisté de MM. Mallet, Huet et Grenon. »

Mercredi 25. « Nota que, ce jour et feste de Noel, Mgr. le cardinal de Florence, légat en France, célébra la haulte messe du jour, à laquelle le Roy Henry IIIe, roy de France et de Navarre, assista et en icelle communia et reçeut le saint sacrement de l'autel par les mains de mon dit seigneur le légat. Y estoient pareillement présens MM. les princes de Conty, de Montpensier, de Nemours, de Mayenne et autres seigneurs, comtes, barons et gentilshommes, mon dit seigneur le légat estant sur ung téâtre eslevé seulement de deuix pieds du costé de l'orgue. Estoict au devant de luy, du costé du grand autel, M. le hault doyen, revétu d'une chappe fort précieuse, qui est la chappe servant à Mgr. l'archevesque. Pour diacre et sous-diacre estoient MM. Sequart et Guernier et autres chanoines, vestus semblables, avec douze chappelains, portans tuniques, laquelle haulte messe fust chantée en musique, cornetz, bucines et autres instrumentz musicaux par les chantres de la chappelle du Roy avec ceulx de l'église et enfans de chœur (2), laquelle messe finie et ayant S. M. receu le *Corpus Domini*, alla au parvys de l'église où estoient assemblez grand multitude de personnes malades des escrouelles, qu'il toucha (3). »

2 janvier 1597. « Sur l'advertissement eu que Mgr. le légat venoict, ce jour d'huy matin, célébrer une basse messe, a esté ordonné que le service sera advancé de demye heure. »

Mercredi 8 janvier. « Sur l'advertissement eu par aucuns des officiers de la maison de Mgr. le légat qu'il désire demain de matin célébrer la sainte messe, à laquelle Mme la princesse

---

(1) Cette cérémonie n'eut lieu que le 15 mars 1597.

(2) Jean Titelouze était alors organiste et maitre de chapelle de la cathédrale. — Dès le 25 octobre 1596, le Chapitre avait défendu « à ceux qui n'avaient la voix disposee d'officier à l'autel ».

(3) Ce fait est rappelé aussi dans les *Mémoires* de Groulart, qui voit dans la guérison des écrouelles un privilège de l'autorité royale.

de Condé (1) communira, ayant nagueres, en la présence de mon dict seigneur le légat, faict profession de foy et abjuré l'hérésie en laquelle elle estoit détenue, ont esté MM. les surintendants de la fabrique priés pourveoir à faire advancer le divin service, ainsy qu'ils jugeront à propos. »

PAIEMENT DE LA SONNERIE POUR LE LÉGAT A LA CATHÉDRALE.

« Plaise à MM. les Intendants de la fabrique de l'Esglise cathédral Notre-Dame de Rouen ordonner à Symon Driet, coultre en-ladicte esglise, payement de la somme de sept livres t., à sçavoir vingt sols pour avoir faict sonner Rigault en vollée et le carrillon à l'heure de mydy, et deulx escus pour trente hommes, lesquelz ont sonné George d'Amboyse durant l'arrivée de Mgr. le Léguat, le vendredy traizieme jour de décembre 1596.

« Plus il plaira auxdicts sieurs ordonner audit Driet, coultre, payement de la somme de vingt sols tournois pour avoir faict sonner, le dimenche ensuivant, la cloche de Riguault en vollée avec le carrillon durand la messe célébrée en lad. église par ledict seigneur, le dimenche, quinze jour dudit moys et an.

« Plaise à MM. les Intendants de la fabrique de l'Esglise cathédral Notre-Dame de Rouen ordonner payement à Pierre Duchemin, maître charpentier, de la somme de douze livres quinze solz, suyvant le marché faict par les dicts sieurs, pour avoir faict ung théâtre et reposoir dans le chœur de lad. esglise pour le jour et feste de la Nativité Notre-Seigneur, auquel lieu doibt estre Mgr. le Léguat durant la grand messe ledit jour.

« Plus il plaira ausdictz sieurs ordonner payement de la somme de vingt solz pour ung siège mis et faict exprès sur le dit théâtre pour le dict seigneur le Léguat par marché faict. » (Arch. de la S.-Inf., G. 2845.)

EXTRAIT DES REGISTRES DE DÉLIBÉRATIONS DE LA VILLE
DE ROUEN RELATIF AU LÉGAT.

3 décembre 1596. « Suivant les lettres du Roi, l'on fera Entrée au sieur légat, auquel sera présenté poisle de damas, aux armaryes dudit Sr, porté par les quatre quarteniers. »

Le Roi avait prescrit de le recevoir avec de grands honneurs. Mais le légat ne voulut point d'Entrée ; il alla loger à la maison du Bourgtheroulde. La Ville en fut quitte avec lui pour quelques bouteilles de vin, présentées avec le cérémonial accoutumé, et pour une harangue en latin qu'eut à prononcer, au nom de la Ville, le sr Cavelier, lieutenant du bailliage, et à laquelle le prélat répondit aussi en latin.

Le diplomate anglais Mildmay, qui avait l'œil sur toutes les démarches du cardinal de Florence, reconnaissait que ce prélat avait conquis tous ceux qui avaient eu affaire à lui par

(1) Charlotte-Catherine de la Trémouille, mère du prince de Condé, déjà citée. « Le légat du pape fit la cérémonie de la réconciliation, quoique le cardinal de Gondi, comme évêque de Paris, prétendit que c'était à lui de le faire. Après la cérémonie, le légat donna à la princesse un repas magnifique, auquel les princes et les seigneurs de la cour furent invités. » (De Thou, IX, 20.)

son impartialité et en témoignant que sa préoccupation de la paix s'étendait à toute la chrétienté, qu'il voulait voir unie pour chasser le Turc de l'Europe. (M. de Kermaingant, *Mission de Jean de Thumery*, 120.)

AMBASSADEUR D'ANGLETERRE.

Gilbert lord Talbot, comte de Schrewsbury, ambassadeur d'Angleterre, arriva à Rouen peu de temps après Henri IV.

Il est question de lui dans une délibération de l'Hôtel-de-Ville, du 11 mars 1597, « sur le paiement et remboursement des frais de l'Entrée. » Le comte de Schrewsbury avait été envoyé par la reine Élisabeth pour faire jurer par le Roi le traité d'alliance que le duc de Bouillon était allé proposer de la part de la France. Ce traité fut juré, le samedi 19 octobre, en l'église Saint-Ouen, pendant les vêpres ; le lendemain, également pendant les vêpres, le comte de Schrewsbury remit au Roi, en grande cérémonie, l'ordre de la Jarretière. (V. *Mémoires* de Groulart.) Il était accompagné de Thomas Edmonds et d'Antoine Mildmay, qui demeura plus longtemps à Rouen et avec lequel Henri IV s'entendit assez mal, puisqu'il sollicita son rappel, 5 février 1597. (Berger de Xivrey, *Lettres de Henri IV*, iv, 652, 653, 687, 688. — M. de Kermaingant, *Mission de Jean de Thumery*, p. 56-63.) On trouve dans ce dernier ouvrage de très intéressants renseignements sur les négociations qui eurent lieu à Rouen entre l'Angleterre et la France. Mais je ne sais ce que pouvait être « ce tribunal de Jeanne d'Arc où le Roi envoya chercher le comte de Shrewsbury ». (*Ibid.*, 60.)

AMBASSADEUR DES PROVINCES-UNIES.

Henri IV, « sur la remontrance à lui faite en son Conseil par le sr Calvart (1), ambassadeur près sa personne de la part de ses très chers et bons amis les srs des Estatz généraux des provinces unies des Pays-Bas de Flandre », leva et ôta, pour toute l'année 1597, « l'imposition des 20 livres t. sur chacun laiz de hareng et de 18 l. t. sur chacun laiz de morue en baril qui se recevoient en passant par Henricarville (Quillebeuf), à la charge de payer en la ville de Rouen les anciennes impositions ». Lettres-patentes datées de Rouen, 19 novembre 1596. (Arch. de la S.-Inf., C. 1235.) On a publié deux lettres de Henri IV adressées aux États généraux des Provinces-Unies pour leur annoncer l'envoi, par l'entremise du sr de Buzenval, son ambassadeur, de la ratification des deux contrats de confédération conclus par le duc de Bouillon. Ces lettres sont datées de Rouen, 11 janvier 1597. (Berger de Xivrey, *Lettres de Henri IV*, iv, 671.)

ENVOYÉ DE L'ESPAGNE.

Très haut et très puissant seigneur messire Marc de Rye, marquis de Varambon, chevalier de la Toison-d'Or, gouverneur et capitaine général des pays et comté d'Artois pour S. M. catholique, 30 octobre, 5 novembre 1596, 20 et 25 janvier 1597. Logeait, le 30 octobre, à la Croix-d'Argent, par. Saint-Vincent ; le 5 novembre, au logis de la veuve du sr de Massy,

(1) Lievin Calvart. Voir M. de Kermaingant, *Mission de Jean de Thumery*, 71.

secrétaire, par. Saint-André-de-la-Porte-aux-Fèvres. — Pendant son séjour à Rouen, son frère
le comte de Varax, qui commandait l'armée du cardinal Albert d'Autriche, fut battu à
Turnhout par le prince Maurice. (*Chronique noven.*, dans la collection des *Mémoires* de Petitot,
t. xlii, p. 326.) Je suis porté à croire que le marquis de Varambon n'est autre que « ce personnage, dont parle Groulart dans ses *Mémoires*, qui se disoit avoir pouvoir du cardinal d'Autriche pour jeter des pourparlers de paix ».

LE PRINCE D'EGMONT.

Haut et puissant prince Philippe Lamoral, comte d'Egmont, prince de Gavre, d'Estenhurzed.
Il était à Rouen les 21 mars, 9 avril, 2 mai 1597, et logeait en la maison de Saint-Wandrille,
par. Saint-Laurent. C'était le fils du comte d'Egmont qui avait été décapité, en 1568, à
Bruxelles, par ordre du duc d'Albe.

LE PRINCE DE DALMATIE.

« Du mardi après midy, 9ᵉ jour de septembre 1597, à Rouen. Fut présent hault et puissant seigneur Jehan Bogdan, prince de Moldavie, chevalier de l'ordre du Roy, lequel a promis
et promect au Sʳ de Lestaignol qu'estans arrivez en Constantinoble et receuz du grand seigneur
de Turquie, pour estre ledit sʳ prince restably en son estat de Moldavia, de luy payer et
donner la somme de 10,000 escus sol pour le mérite et rescompense de 10 ans ou environ de
fidels services faictz par ledit de Lestaignol audit sʳ prince, et la somme de 500 escus sol pour
bagues et joyaulx fournis par ledit Lestaignol audit sʳ prince, et affin de le rendre content luy
auroit ledit seigneur fait la presente promesse, et, en cas qu'il n'y feust satisfaict par ledit
seigneur prince, il veult et entent y estre satisfaict par le sʳ prince Elyas, estant au
dit lieu de Constantinoble et receu du dit grand seigneur, ce qui a esté aussi accepté et promis
par ledit sʳ prince Elyas, à ce present; et sy a oultre ledit seigneur prince de Moldavia
consenty et acordé, consent et acorde que ledit Lestaignol prengne et reçoyve la somme de
cent escus sol sur la somme de troys mil escus sol que noble homme Mᵉ Jehan Le Sergent,
vicomte de Pont de l'Arche, a charge de luy payer et fournir suyvant le don du Roy (1) et con-
sentement de Mgr. le duc de Montpensier. Signé : Jon Bogdan, Elyas Bogdan, Lestaignol. »
— Au-dessous quittance de noble homme Mercure-Théodore Le Pellicier, sieur de Lestaignol.
(Archives du tabellionage de Rouen.)

Autre contrat passé à Rouen, le 23 octobre 1597, par Jean de Bogdan, prince de Moldavie,
chevalier de l'ordre, et par Elyas de Bogdan, son fils, 22 octobre 1597. (*Ibid.*)

Le 13 juillet de l'année suivante, Bogdan était encore à Rouen, accompagné de Charles
Quentin, l'un de ses gentilshommes. Il est qualifié haut et puissant seigneur Jehan Bogdan,
chevalier de l'ordre, prince légitime et souverain de Moldavie. (*Ibid.*)

Jean Bogdan, dépossédé de sa principauté de Moldavie, avait obtenu la protection de
Henri IV, qui le recommanda au grand Seigneur, à la reine d'Angleterre et au duc de Saxe.
(Voir Berger de Xivrey, *Lettres de Henri IV.*)

CH. DE BEAUREPAIRE.

(1) Voir ces lettres de don aux *Mémoriaux de la Chambre des Comptes de Normandie*,
15 mai et 26 juillet 1597. Le Roi appelait le prince de Moldavie son cousin.

DISCOVRS

DE

LA IOYEVSE ET

TRIOMPHANTE ENTREE DE

TRES-HAVT, TRES-PVISSANT ET TRES MA-
gnanime Prince H E N R Y IIII de ce nom, tres-Chrèſtien
Roy de France & de Nauarre, faiĉte en ſa ville de
Rouën, capitale de la prouince & duché de
Normandie, le Mercredy ſaiziéme iour
d'Oĉtobre cIↃ. IↃ. X C V I.

Auec l'ordre & ſomptueuſes magnificences d'icelle, & les
portraiĉz & figures de tous les ſpeĉtacles & autres
choſes y repreſentez.

A ℛ*O V E N*,

Chez R A P H A E L D V P E T I T V A L, Libraire & Imprimeur du Roy, deuant la grand'porte du Palais
cIↃ. IↃ. I C.

A V E C P R I V I L E G E D V R O Y.

A MESSIEVRS LES CONSEILLERS ET
ESCHEVINS DE LA VILLE DE ROVEN.

M *ESSIEVRS, le long temps qu'il y a que vous defirez veoir le difcours de l'entree qu'a faicte noftre Roy en fa ville de Rouën, pourroit me faire accufer de negligence, fi la crainte que i'ay euë d'entreprendre ceft ouurage ne m'euft retardé. I'attendois toufiours qu'vn autre plus habile y mift la main. Mais enfin voyant que vos prieres m'y contraignoient, & ma patrie m'y obligeoit, ie m'y fuis engagé auec l'aide d'vn de vos confreres; encores que ie ne fuffe fourny d'outils neceffaires pour l'acheuer en perfection, & y rapporter l'entiere & vraye intelligence des figures reprefentees tant aux theatres, arcs de triomphe, obelifques, qu'autres ouurages & peinctures: & pourtant me fuis contenté d'efbocher feulement le tout, felon que ie l'ay peu comprèdre, & d'en döner vne fimple familiere & cömune expofition, comme la veuë en a efté commune: laiffant à meilleurs efprits d'y adioufter ou diminuer felon la perfection requife; Et remettant auffi l'honneur des infcriptions & vers Grecs, Latins & François à ceux qui les ont faicts. Brief i'ay en tout fuiui tant qu'il m'a efté poffible la condition de l'Aigneau, digne marque de noftre ville: lequel ie prens pour defençe & bouclier de ma fimplicité, que ie vous prie fupporter. Et fi ie n'ay le tout fi bien donné à entendre que vous le defiriez, vous prendrez, s'il vous plaift, ma bonne volonté pour fuppleement de tout ce qui manque de perfection à ceft œuure: lequel demeurera pour tefmoignage à la pofterité du feruice que i'ay voüé à ma patrie, & à vous auffi* MESSIEVRS, *fes protecteurs; Priant Dieu vous y maintenir en bonne fanté & longue vie.*

AV LECTEVR.

ENTRE les nations les mieux renommees pour auoir eu en grand refpeɗ & honneur leurs Roys & Princes legitimes, la Françoife fe peut dire à bon droiɗ auoir l'aduantage par deffus toutes les autres; Et entre les prouinces, villes & communautez de la France , la ville de Rouën en doit emporter l'honneur. Car quand il a efté befoin de le faire paroiftre par effeɗ, c'eft chofe vraye, & que l'on a peu toufiours remarquer facilement, que les habitans d'icelle s'y font employez auec tel zele & affeɗion, qu'ils fe font rendus admirables aux eftrangers par leurs trefgrandes defpences, mefmes au milieu de leurs pertes. Qui eft celuy tant peu verfé en l'hiftoire de nos anceftres, qui n'ait leu & obferué comme les Anglois iadis pendāt qu'ils tenoient ce pays de Normandie, auoient demoli & ruiné les plus fignallees maifons & chafteaux des nobles, & raui les moyens des plus aifez? Ce nonobftant toutesfois nous trouuons que les Roys qui reprindrent leur premiere poffeffion , furent reçeus auec tant d'alegreffe, d'honneur & d'appareil en la ville de Rouën : que tant s'en faut qu'il femblaft que le peuple Normand fuft deftitué de moyens;qu'il paroiffoit n'y auoir plus riche nation fous le Ciel,veu les grandes magnificences qu'ils firent aux entrees de leurs Roys. Mais pour fuffifant tefmoignage de la continuation de nos citoyēs de Rouën en tel deuoir vers leurs Roys & princes naturels, la memoire nous reprefente encores les entrees de Loys douziéme, & François premier ; & fur toutes autres celle de Henry deuxiéme, faiɗe à la fortie de la guerre de Picardie, qui auoit dutout incommodé cefte diɗe ville. Car on peut bien en verité affermer icelle entree auoir efté de plus de defpence, d'appareil & magnificence, que toutes celles que iamais les Empereurs Romains ayent faiɗes, dont toutesfois les hiftoires font tant de mention. Qui ne confeffera donc franchement que ce zele & naturelle affeɗion du peuple de Rouën,à recognoiftre & honorer ainfi fes Roys , n'eft feulement grande, ains trefgrande & quafi comme exceffiue & incomparable? Veu mefmes que depuis encores en l'an mil cinq cens foixante & trois, incontinent apres la prinfe, fac & pillage vniuerfel de ladicte ville, qui auoit duré huit iours, les habitans d'icelle eftãs lors tellement incommodez, que les plus riches d'entre eux à peine auoient habits & accouftremẽs fuffifans pour leur vfage, receurent neãtmoins le Roy Charles neufiéme auec tel apparat, qu'il n'y eut fi petit qui ne s'engageaft pour faire de tout fon pouuoir hõneur à fon Prince. Or s'il eft ainfi qu'ils ont efté grandement louëz de ce, qu'apres tant de pertes, & en temps fi fafcheux, ils s'eftoient fi bien acquitez d'vn tel deuoir : nul ne doit doubter que cefte derniere reception & entree qu'ils ont faicte en leur ville au Roy Henry quatriéme à prefent regnant, ne doibue eftre eftimee & tenue pour vne des plus parfaictes, plus admirables, & plus loüables de toutes: pour auoir efté fi fomptueufe & magnifique, à la fortie non d'vne guerre eftrangere, ou feulement ciuile; mais pluftoft d'vn deluge vniuerfel & ruine de toute la France. Quel eft le peuple autre que celuy de Rouën, qui au milieu de tant de pertes & miferes, ne fuft venu au deuant de fon Roy, le fac fur la tefte & les pieds nuds, remonftrer fa poureté, pluftoft que de paroiftre fi braue & magnifique? Il faut donc reconnoiftre & confeffer que cela procede d'vne nobleffe & grandeur de courage, qui domine dans le cœur des Rouënnois. Que fi l'hiftoire des faicts & geftes tant de ce peuple en particulier, que de tout le refte de cefte prouince, auoit efté auffi bien recueillie, comme elle a efté de tout temps, & eft encor de prefent negligee : peut eftre que nulle ville ne fe trouueroit plus celebre que Rouën, nulle prouince plus illuftre que la Normandie. Mais comme cefte nation n'eft ambitieufe, ny conuoiteufe de vaine gloire; auffi la plufpart des chofes les plus memorables qui s'y font faictes, & font iournellement, & qui pourroiẽt apporter honneur, tant en general à toute la prouince, que particulierement à cefte ville & habitans d'icelle, demeurent cachees & enfeuelies dedans la foffe de l'oubly. Comme y fuft auffi demeuré ce petit difcours; fi autres que moy ne l'euffent contraint, quoy que nud & fans artifice, fe monftrer à la veuẽ commune du monde, affez fafcheux en partie à contenter. Toutesfois puifqu'il eft expofé à la clarté du iour (encor que par aduanture peu digne d'icelle) tel qu'il eft, amy Lecteur, il te plaira le receuoir en bonne part, & excufer les fautes qui s'y pourront trouuer, A Dieu.

A MESDITS SIEVRS LES CONSEIL-
LERS ET ESCHEVINS DE LA VILLE
de Rouën, fur ce difcours,

SONNET.

Voulant vous obeir il me vient en penfee
Que tout le monde à veu ce triomphe ioyeux,
Ces theatres, ces arcs ; que ma plume eft pour eux
(Defcriuant leur grandeur) d'vn air trop bas pouffee.

    Quelle ville de France, ou d'vne autre contree,
Et quel prince eftranger n'a efté curieux
D'enuoyer dans 'Rouën honorer de fon mieux
Et de pres contempler les faiɗs de cefte entreé?

    Il eft donc temps affez d'en monftrer le difcours,
Puifque tous les humains qui viuent en nos iours
Par eux ou leurs amis en ont eu congnoiffance:

    Mais pour le faire veoir à la pofterité,
Vos ouurages tant beaux auoient bien merité
Vne plume qui euft plus grande fuffifance.

Au Leɗteur, fur le mefme fubieɗt.

ᴄApelle fçeut tirer vne viue peinture
'Refpondant' à l'idee empreinte en fon cerueau:
Mais quel antique ouurier, quel ᴄApelle nouueau
En fa perfeɗion a depeint la nature?

    Du graue hiftorien la fidelle efcriture
Faiɗ veoir à fes neueux le rare & le plus beau
Des faiɗs des anciens; comme fur vn tableau
Leurs combats bien dreffez le peintre nous figure.

    ᴄAinfi le trait grofsier de ces crayons diuers,
Et ces difcours contrains portez par l'vniuers,
De ce ioyeux triomphe annonceront la gloire :

    Car le' reprefenter tel comme il a efté,
Cefl accident parfaiɗ eft feulement refté
ᴄA ceux qui l'ont de l'oeil porté en la memoire.

SONNET A LA VILLÉ DE ROVEN,

SVR LE DISCOVRS DE L'EN-
tree du Roy en icelle.

Pour qui font ces discours: eſt-ce pour les François?
Non, ils n'ignorent point leur pompe nompareille.
Et quoy? viennent-ils donc pour rauir de merueille
Ou les hommes du North, ou les peuples Indois?

Non, car deſ-ia la Seine en a porté la voix
A leurs bords, & paſſant iuſqu'en l'onde vermeille,
Et bien loing ou le iour s'endort & ſe reſueille,
A vanté de ſon Roy la gloire à mille Rois.

Donc pourquoy ſont ils faictz? afin que ceſte entree
Somptueuſe à iamais à l'œil du monde agree.
ROVEN, y pretens-tu quelque immortalité?

Non, mais tu veux ſans plus qu'on y remarque vn iour
Que ton humilité ne fut point ſans amour,
Non plus que ton amour n'eſt ſans humilité.

F. D'EVDEMARE.

PRIVILEGE DV ROY.

ENRY par la grace de Dieu Roy de France & de Nauarre, A nos amez & feaux Conseillers les gens tenans nostre Court de Parlement à Rouën, & Chambre par nous ordonnee au temps des vacations, Bailly dudict lieu, ou son Lieutenant, & à tous autres nos Iusticiers & Officiers & à chacun d'eux si comme il appartiendra, Salut. Nos bien amez Martin le Mesgissier nostre Imprimeur ordinaire de nostre ville de Rouen, George L'Oyselet, & Iehan Creuel Libraires & Imprimeurs d'icelle ville: Nous ont tres-humblement faict remonstrer qu'ils auroient employé, auancé & frayé plusieurs deniers pour nostre ioyeuse & nouuelle entree n'agueres faicte en ladicte ville, suiuant le marché faictauec les Maistres & experts, tant pour la commodité de la portraicture des theatres & edifices, que autres inuentions faictes pour nostredicte entree. Et pource qu'ils desireroient mettre en lumiere l'ordre & magnificence d'icelle entree. Ils nous ont supplié tres-humblement en octroyer à eux seuls la permission pour tel temps qu'il nous plaira, afin qu'ils ne soient priuez du fruict de leurs trauaux & auances, & surce leur en octroyer nos lettres necessaires. Pource est-il que nous desirans leur donner moyen de se recompenser de leursdicts fraiz, leur auons permis & octroyé, permettons & octroyons par ces presentes, d'imprimer & faire imprimer, vendre & distribuer par tout nostre Royaume, ledict ordre & magnificences de nostredicte entree, & ce qui en depend, iusques à six ans prochains, sans qu'autres qu'eux les puissent imprimer ny mettre en vente iusques apres ledict temps expiré, à peine de confiscation desdicts Liures, & d'amende arbitraire. Si voulons & vous mandons que de nostre presente permission & priuilege, vous faictes, souffrez, & laissez iouyr & vser lesdicts suppliants pleinement & paisiblement: Et à ce faire souffrir & obeyr, contraindre de par nous tous ceux qu'il appartiendra, par toutes voyes deuës & accoustumees en tel cas. Car tel est nostre plaisir. Donné à Rouën, le vingtdeuxiesme iour d'Octobre, l'an de grace mil cinq cens quatre vingts seize. Et de nostre regne le hu ictiesme.

Signé,   PAR LE ROY EN SON CONSEIL.

P O V S S E P I N.

Et scellé sur simple queuë du grand sceau en cire iaune.

Et ont les dessus nommez accueilly auec eux Raphaël du Petit Val, Libraire & Imprimeur du Roy en ceste ville de Rouen.

DISCOVRS
DE L'ENTREE DV
ROY HENRY IIII. DE CE NOM,
ROY DE FRANCE ET DE NAVARRE,

faicte en fa ville de Roüen, capitale de la prouince
& duché de Normandie , le mercredy fai-
ƶiéme iour d'Octobre , mil cinq cens
quatre vingts faiƶe.

E ROY ayant deliberé de faire fon entree en fa ville de Roüen, metropolitai-
ne de la prouince & duché de Normandie; fit entendre fon intention par
lettres expreffes enuoyees à monfeigneur le duc de Montpenfier , prince
du fangp, air de France, gouuerneur & lieutenant general
pour fa Maiefté audict païs ; lequelles mit incontinēt entre les mains des fieurs confeillers & Efcheuins de ladicte
ville: & iceux ayans entendu la bonne volonté de fa Maiefté, pour le grand zele & affection qu'ils ont enuers leur
Roy & prince fouuerain, fe mirent en deuoir de luy obeir
de toute leur force & pouuoir: Et pour ceft effect affem-
blerēt en l'hoftel commun de la ville les vingtquatre du
confeil d'icelle, en la prefence de monfieur le procureur

A

general de sa Maiesté en la Cour de Parlement, tenant la
place du Bailly pour lors vacāte : En laquelle assemblee fut
resolu, que neātmoins les grādes pertes & extremes ruines
que la ville & les habitans d'icelle auoient endurees pendāt les guerres ciuiles, le Roy seroit receu auec toute ioye
& allegresse possible; & y emploieroient ce qui leur pouuoit rester de leurs moyens. Pour donc executer ceste resolution, lesdiĉts sieurs Escheuins firent venir les chefs &
gardes de tous les estats & mestiers, & leur faisant entendre la volonté du Roy, & resolution par eux prinse de faire ladiĉte entree, les exciterēt & encouragerent à se preparer & accommoder le mieux qu'ils pourroient, pour y
rendre l'honneur & obeissance qu'ils doiuent à leur Roy.
Ce peuple, qui à peine respiroit, sentant encor en soy les
maux passez; par cest aduis de la bonne volonté & amour
de son prince fut esmeu d'vne tresgrande ioye, reprit nou-
uelles forces, & incontinent fit offres de soy, & de ses
moyens, pour accomplir ce qui luy seroit commandé.
Parquoy fut ordonné à chacun estat le nōbre d'hommes
qu'il deuoit fournir & accoustrer, & baillé l'ordre des habits & couleurs qu'ils deuoient porter, & ensemble leur
furent nommez capitaines & chefs pour les dresser &
conduire. Manderent aussi lesdiĉts sieurs Escheuins plusieurs ieunes hommes des meilleures & plus riches familles de la ville, & les inuiterent de s'accoustrer eux & leurs
cheuaux, selon les portraiĉts qui pour lors leur furent bail-
lez : & fut choisi pour leur capitaine & conduĉteur vn ieune seigneur baron proche voisin de ladiĉte ville. Et com-
manderent aux capitaines des cinquāte hommes d'armes
& des cent quatre harquebusiers, creez & ordonnez pour

le feruice ordinaire de ladiĉte ville, de s'accouftrer eux &
leurs compagnies d'armes & d'habits felon la deuife qui
leur en fut baillee. Et aufsi donnerent charge aux maiftres
& compagnons mariniers fur la riuiere de Seine, de faire
equipper trois galleres & deux nauires , pour donner
plaifir au Roy faifant fon entree. firent arranger tous les
nauires & vaiffeaux eftans le long des quays de ladiĉte
ville, & tirer des magazins les artilleries & canons, qu'ils
firent ranger aux lieux ordonnez. Le tout pour la decoration de ladiĉte entree, comme il eft euidēt par ce difcours
ou chacune defdiĉtes chofes fera reprefētee en fon lieu &
ordre. Pendāt ce temps, lefdiĉts fieurs Efcheuins faifoient
recerche des plus expers architeĉtes, artifans & ouuriers
de toutes fortes qui fe pouuoient recouurer , & les em-
ploioient en toute diligence, à dreffer de grands theatres,
arcs triomphaux, obelifques, pyramides, perfpeĉtiues, &
autres ingenieux ouurages & edifices, tant dehors que de-
dās la ville, és quarrefours par ou deuoit paffer fa Maiefté;
& firent dreffer plufieurs barrieres de charpenterie, aux
aduenues des ruës, le long des chauffees, fur le pont & autres lieux neceffaires ; & efpandre du fablon par les voyes
& ruës pour faciliter le chemin, & euiter à la cheute des
hommes tant de cheual que de pied.

Svr ces entrefaiĉtes le Roy f'acheminant vers cefte
ville de Roüen, arriua au chafteau de Gaillon diftant de
fept à huiĉt lieuës d'icelle. Dequoy lefdiĉts ficurs Confeillers Efcheuins aduertis , deputerent deux de leurs
confreres auec le procureur fyndic , & vn des quarteniers de ladiĉte ville, pour y aller faluer fa Maiefté de la

part de tout le peuple de fa ville de Roüen; & luy faire entendre la grande ioye qu'eux & leurs concitoyens receuoient tant en particulier qu'en general de fa venue & ioyeufe entree;le fupplians leur donner le iour d'icelle: lequel leur fut affigné par fa Maiefté au mardy quinziéme iour d'Octobre, mil cinq cens quatre vingts faize. Et le quatorziéme iour dudict mois d'Octobre, eftans iceux Efcheuins de retour, firent publier par toute la ville, & au haut de la tour du beffroy du gros horloge (lieu d'ou l'on a accouftumé faire telles proclamations) que ladicte entree fe feroit le lendemain matin. Et fut cefte publicatiõ faicte par le fergent ordinaire de la ville, accompagné de fix trompettes à cheual, veftus de taffetas des couleurs de fa Maiefté, auec banderolles de femblables matieres , enrichies des armoiries de France & de Nauarre. Mais ledict iour fur le foir, fa Maiefté voyant que les pluyes continuoient comme les iours precedens, delibera differer fon entree au deuxiéme iour enfuiuant, qui fuft le faiziéme iour dudict mois d'Octobre: dõt elle enuoya aduertir lefdicts confeillers Efcheuins : lefquels le lendemain firent derechef publier ladicte entree audict faiziéme iour d'Octobre de matin, en la mefme forme que deuant.

Doncqves cedict iour mercredy faiziéme d'Octobre, mil cinq cẽs quatre vingts faize, iour fi clair & ferain, qu'il femble que le Ciel l'auoit referué entre tant de iours pluuieux, & deftiné pour honorer noftre clement & inuincible Roy, vrayemẽt fils du Ciel, & imitateur de la pieté & religion de fes anceftres , qui lors paroiffoit auffi beau et ioyeux entre fes fubiects, comme le Soleil fe monſtroit clair & riant dedãs les Cieux:ce iour, di-ie, de matin le clergé, & tous les autres corps & compaignies de ladiĉte ville, ſortirent par la porte du pont, & prindrent le chemin, qui pour ceſt effeĉt auoit eſté dreſſé à main gauche dedãs les prairies de ſainĉte Catherine de Grandmõt, pour s'aller rendre & aſſembler à la campaigne dudiĉt lieu, & là dreſſer les compaignies, & prendre l'ordre de marcher ſelon que ſa maieſté l'auoit ordonné.

Svr les dix heures du matin, le Roy ſe rendit au theatre ou maiſon Royale, qui luy auoit eſté baſtie, & ſomptueuſement conſtruite proche, au deſſus, & du meſme coſté du monaſtere des filles Amurées: pour en ce lieu receuoir l'honneur, foy, hommage, & obeiſſance qui luy ſont deubs par ſes ſubieĉts; & pour voir paſſer les bandes, & compaignies ordonnees pour ſadiĉte entree.

Ce theatre ou maiſon Royale eſtoit baſtie d'art de maſſonnerie taillee à la Dorique; Au deuant de laquelle eſtoit conſtruiĉt du meſme ordre vn eſcalier à double entree & ſortie, de ſix pieds de marche quarree, accompaigné de baluſtres peinĉts & dorez en forme de iaſpe, auec tel artifice, qu'ils ſembloient eſtre faiĉts de vraye matiere de iaſpe. Par ceſt eſcalier montoient & deſcendoient aiſément les deputez des corps & compagnies qui paſſoient, pour faire, chacun ſelon ſa charge, leurs harangues, hommages, & offres à ſa Maieſté, qui eſtoit en la ſalle Royale dudiĉt baſtiment, à cette fin trefrichement preparee, ainſi que nous le deduirons cy apres.

A iij.

Av deſſus de la grande porte & entree d'icelle ſalle
eſtoit ceſte inſcription en groſſes lettres d'or ſur table en
forme de marbre noir.

HENRICO IIII. GALLIAR. ATQ.

NAVARRAE CHRISTIANISS. AC

INVICTISS. REGI PRINCIPI S. PERPET.

OPT. MAX. GALLICOR. TVMVLT.

PACATORI PROVIDENTISS.

OB EIVS ADVENTVM DESI-

DERATISS. AC FELICISS.

S. P. Q. ROTOMAG. DEBITA VOTA

SVPPLEX HEIC CVM FIDELIT. ET

OBSEQVII SACRAMENTO SOLVIT

D e laquelle inſcription fut l'argument auſſi briefue-
ment compris en ce diſtique Latin enſuiuant , par vn
homme

homme docte natif & habitant de ceſte ville de Roüen,
auteur ſemblablement de la plus grande partie des inſcriptions & vers Grecs & Latins rapportez en ce diſcours
chacun en ſon ordre & lieu, ſur les deuiſes & interpretations des figures & ſpectacles de ceſte Royale, magnifique, & triomphante entrée.

Inuicto Regi , pacatorique ſuorum
Vota ſua HENRICO heic populi fert quilibet ordo.

Le bas eſtage de ce baſtiment eſtoit vne grande ſalle,
pour mettre & retirer les gardes de ſa Maieſté : & tout le
corps d'iceluy contenoit de longueur ſoixante & douze
pieds, de largeur trente, & de hauteur trentecinq, iuſques à
la derniere corniche; au deſſus de laquelle s'amortiſſoit vn
compartiment taillé à iour, de vingt & vn pied de large, &
quinze pieds de haut, accompaigné de quatre grandes figures , aſſauoir d'vn Mercure, repreſentant le trafic &
commerce, & d'vn Laboureur ſignifiant l'agriculture, tenans les armoiries de Normandie: & au deſſus d'iceux, les
figures de Pieté & Iuſtice, ſouſtenantes ſemblablement
les armoiries Royales de France & de Nauarre, haut eſle-
uees par deſſus celles de Normandie. Le tout donnant à
entendre que ceſte prouince de Normandie eſtant main-
tenue en bonne paix , ſous ces deux Royales vertus Pieté
& Iuſtice , eſpere tellement reflorir deſormais par le
moyen de ſon trafic & labeur, qu'elle n'apportera moins
de commoditez & d'ornement à la Couronne de France,
qu'aucune autre prouince du royaume. Ce que declarent

ces vers Latins, qui furent faiɛts pour l'interpretation de la deuife defdiɛtes figures.

Cum fub Iuſtitia Pietatéque pace fruɛtur,

Diues opum Oceani Normania fiet, (t) agri:

Vlla nec H E N R I C I Francorum lilia Regis

Altius omnigenis opibus prouincia tollet.

A v x deux bouts d'icelle derniere corniche eſtoient deux Amours fouſtenans chacun vne grande H couronnee; & au reſte du vuide d'icelle, eſtoient eſleuez deux vazes iettans des flammes, pour fignifier l'amour que le Roy porte à ceſte fienne prouince.

T ʜ ʟ doncques eſtoit l'exterieur de ce beau theatre ou maifon Royale, comme il fe peut remarquer par le portraiɛt, qui en eſt icy reprefenté.

Figure

Figure de la maifon & theatre ou

baftie prez les Amurees au fauxbourg de S.Seuer ; où c
pour voir paffer toutes les compagnies de fon entree, c
leurs falutations, harangues (i) hommages.

Figure de la maiſon & theatre ou ſalle Royale

baſtie prez les Amurees au fauxbourg de S. Seuer ; où eſtoit ſa Maieſté
pour voir paſſer toutes les compagnies de ſon entree, & receuoir
leurs ſalutations, harangues & hommages.

pag. 8.

M A I S quand au dedans, la falle ou eftoit le Roy
eftoit ornee d'vn lambris & plancher doré, & enrichy de
plufieurs beaux compartimens en plate peinture, entrelaf-
fez des armoiries, chifres & deuifes de fa Maiefté: les pa-
rois en eftoient tendues d'excellente tapifferie de verdures, rehaulfee de fine foye; & le bas, de tapis communs ou-
uragez de compartimens. A l'vn des bouts d'icelle, du cofté tendant vers la ville, eftoit pofé vn riche throne ou
fiege Royal, couuert de veloux verd brodé & pourfilé de
fil & paffement d'or & d'argent, efleué fur quatre degrez
couuerts de tapifferie; & fur iceluy throne eftoit tendu
vn dé auffi de veloux verd, enrichy de femblable eftoffe
que ledict throne. De ce lieu le Roy pouuoit voir de frõt
toutes les compagnies qui s'acheminoient vers fa Maiefté pour luy faire la reuerence. Au haut de ce throne
eftoit cefte infcription Grecque,

ΔΙΙ ΣΩΤΗΡΙ ΚΑΙ ΠΟΛΙΟΥΧΩ

C'eft à dire,

A IVPITER CONSERVATEVR ET GARDIEN DES VILLES.

P O V R monftrer que comme la bonté, grandeur & fageffe de Dieu doit eftre benifte, loüee & celebree fans fin
de ce quelle fe faict inceffamment paroiftre aux hommes,
tant par fa clemence & mifericorde, que par fon admirable prouidence à la conferuation du genre humain, & de
l'eftat vniuerfel du monde : Auffi noftre Roy Tref-che-
ftien fe monftrant vray imitateur du grand Dieu tout
puiffant, par les effects de fa clemence, par la conferuation

B

de ſes villes & peuples, & par le grand ſoing & continuelle ſolicitude qu'il a de leur bien & repos; merite beaucoup
mieux qu'aucun de ces anciens Roys, Empereurs, ou autres Princes de la terre (auſquels on à quelquesfois attribué telles loüanges), d'eſtre decoré de ces beaux epithetes,
& du Royal tiltre de viuant portraiƈ ou image de Dieu:
qui l'a eſtably & conſtitué ſon lieutenant, pour tenir ſon
rang & le repreſenter icy bas ſur nous ſes ſubieƈts & vaſ-
ſaux naturels : deſquels il luy a mis en main la vie, le gou-
uernemēt, la garde & defence. Pour quoy plus apertemēt
ſignifier, furent exprez tirez preſque de mot à mot de
l'ancien & elegant poëte Callimaque ces trois vers Grecs
ſuiuans, de la dignité & autorité des Roys, pour eſtre auſſi
eſcris au deſſous de la ſuſdiƈte inſcription Grecque.

Ἐκ Διὸς οἱ βασιλῆες· ἐπεὶ Διὸς ὐδὲν ἀνάκίων
Θειότερον· τῷ καί σφιν ἐϐὼ ἐκρίναϐ τάξιν.
Δῶκε δέ τε ἀολίεθϱϱ φυλακασέμϩε, ἠδὲ πολίτας.

L'interpretation deſquels a eſté compriſe en ce qua-
train François,

Les Roys de Iupiter ſont la diuine race ,

Car rien n'eſt plus diuin au monde que les Roys:

Jl les y faiƈt auſsi tenir ſon rang & place,

Et garder citoyens & citez ſous leurs loix.

Mʳ le grand Maiſtre des ceremonies de France ſ'eſtant
offert à ladiƈte ville, pour eſtre auſſi maiſtre des ceremonies d'vne ſi ioyeuſe & deſiree entree, ſ'y trouua fort richement accouſtré ſelon ſa qualité : & fut accompaigné de

trois notables bourgeois choifis & efleuz par lefdiſtz fieurs confeillers Efcheuins, pour eſtre auſſi maiſtres deſdiſtes ceremonies fous iceluy feigneur : lefquels eſtoient, accouſtrez d'habitz fomptueux & conuenables à leur charge,& montez à l'auantage fur cheuaux de prix, pour faire en toute diligence ranger et auancer les compaignies,felon le rang qu'elles deuoient tenir, & mettre bon ordre tant dehors que dedans la ville, par les chemins que tiendroit ladiſte entree; pour euiter à la confufion du peuple qui f'y trouuoit , affluant en grande multitude de toutes parts. Ce qu'ilz effeſtuerent auec telle dexterité, qu'il ne f'y peuſt remarquer aucun defordre ny confufion , au grand contentement d'vn chacun.

L E s compagnies doncques eſtant ainſi bien difpofees & ordonnees en la fufdiſte plaine ou campaigne de Grandmont par lefdiſts maiſtres des ceremonies ; commencerent à marcher les Religieux & Clergé de la ville, aſſçauoir

L E s ordres des mendians Capuchins, Cordeliers, Iacobins, Carmes & Auguſtins : Puis le Clergé des trente & vne eglifes paroiciales: Les religieux de l'abbaïe de fainſt Ouën : Les religieux du prieuré de fainſt Lo: Les religieux du prieuré de la Magdaleine : lefquels tous,en leurs veſtemens & furplis decentement fuiuans leurs croix & bannieres,qu'ils faifoient porter deuant eux ; & aux coſtez de chacune d'icelles deux chandeliers auec cierges flamboyans, ou eſtoient attachees de part & d'autre les armoiries de fa Maieſté : f'auançoient les vns apres les autres en

B 2.

bon ordre & grande deuotion, prians Dieu pour la pro-
fperité du Roy , & chantans le pfeaume de Dauid , qui fe
commence par ces motz *Exaudiat te Dominus.*

A p r e s eux marchoient, conduiftz par le Sergent
Major de la ville, les douze Capitaines des bourgeois, auec
leurs compaignies complettes chacune de quatre centz
hommes : lefquels leftement & diuerfement accouftrez
des couleurs du Roy, & richement armez, faifoient par
leurs braues geftes paroiftre à leur Prince le courage
adreffe & habileté qu'ilz ont au faiſt des armes pour fon
feruice.

S v i v o i e n t en apres tous les corps des eftatz, offices
& compaignies particulieres, ainfi que f'enfuit.

L e s porteurs & mefureurs de fel, veftuz de pourpoinſt
& chauffes de taffetas violet, orné d'vn paffement d'argent ; auec le chapeau gris, pennache blanc, & l'efpee
argentee.

L e s courtiers & quêfteurs des menuz boires, bien
montez & veftuz d'accouftremens de taffetas tanné canelé ; auec le chapeau & pennache de mefme couleur,
l'efcharpe blanche, l'efpee & efperons argentez, les bottines & le harnois de leurs cheuaux de marroquin & cuir de
couleur d'orengé.

L e s commiffaires, quêfteurs & courtiers de vins, pareillement montez fur bons cheuaux, & accouftrez d'vn

habit de taffetas gris paſſementé d'argent auec le chapeau gris & pennache blanc, l'eſpee argentee, & bottines de marroquin blanc.

L ᴇ s courtiers & aulneurs de draps, veſtus d'vn accouſtrement de taffetas violet, auec le chapeau violet, l'eſpee argentee, le ceinturon & port-eſpee de veloux violet, les bottines blanches doubles de taſſetas violet; & montez ſur bons cheuaux bien enharnachez.

L ᴇ s aulneurs de toiles, veſtuz de pourpoinƈt & chauſſes de ſatin noir & manteau de taffetas noir, auec l'eſpee doree ; & montez ſur leurs cheuaux couuertz de houſſes de drap noir.

L ᴇ s viſiteurs & vendeurs de poiſſon, ſemblablement accouſtrez de pourpoinƈt & chauſſes de ſatin , & manteau de taffetas noir, auec l'eſpee doree: & montez ſur leurs cheuaux auſſi couuertz de houſſes de drap noir.

L ᴇ s priſeurs de vins , veſtuz d'vn veloux noir à ramage, auec manteau de taffetas noir, & l'eſpee doree à fourreau de veloux ; montez ſur leurs cheuaux en houſſe de drap noir.

L ᴇ s officiers de la monnoye, veſtuz d'vn manteau de taffetas noir, ſur ſaye & chauſſes de ſatin noir brodé & arrierepoinƈté de ſoye ; & montez ſur bons cheuaux bien enharnachez, & reueſtuz d'vne houſſe de drap noir bendee à l'entour d'vne frange de ſoye noire.

Apres toutes ces compaignies commencerent à marcher les gens de la Iuſtice.

Les Prieur & Conſulz & procureur Syndic des mar‧ chands, veſtuz chacun d'vn robbon de taffetas noir, ſaye de ſatin & bonnet de veloux noir: Et leur Greffier, d'vn manteau à manches de taffetas noir, tous montez ſur leurs cheuaux en houſſe de drap noir; & deuant eux marchoit vn des ſergens Royaux. Ce corps eſtoit accompaigné de grand nombre de notables bourgeois & marchands hon‑ neſtement veſtuz, & bien montez ſur cheuaux en houſſe de drap noir.

Et apres iceux venoient tous meſlez enſemble Les officiers de la foraine, du grenier & magazin à ſel, & la cour des Eſleuz.

Lesdicts officiers de la foraine accouſtrez comme ſ'enſuit, aſſçauoir le Maiſtre des portz d'vn man‑ teau à manches de ſatin noir, le Lieutenant d'vn manteau à mãches de taffetas noir, auec pourpoinctz & chauſſes de ſatin noir: Les Receueurs, Contrerolleurs & autres officiers de manteaux à manches de taffetas noir, pourpoinctz & chauſſes de ſatin, & bonnetz de veloux noir: tous montez ſur cheuaux en houſſe, & accompaignez chacun d'vn homme de pied. Le Viſiteur general de la prouince accouſ‑ ſtré de ſatin tanné canelé, manteau de taffetas noir, bas de ſoye de couleur de fueille morte, & monté ſur vn cheual de valeur. Les quatre gardes auſſi montez à cheual, veſtuz de manteaux de camelot de turquie, pourpoinctz &

chauffes de damas de couleur de colombin, enrichis de
plufieurs paffemens de foye de couleur de fleur de pef-
chier, auec l'efpée & dague dorees, ceincture & port efpee
de veloux gris brodé, & les bottines blanches doubles au
revers de fatin incarnat.

L E s Grenetier, Contrerolleur, & Greffier du magazin à fel; veftuz, affçauoir le Grenetier & Contrerolleur, de
manteaux de taffetas noir, pourpoinctz & chauffes de fatin , & tocques de veloux noir : Le Greffier d'vn manteau
de camelot de foye & accouftrement de taffetas noir, & la
tocque de ueloux ras; & montez fur cheuaux en houffe de
drap noir.

L E s Prefident, Lieutenant & Efleuz en l'eflection de
Rouën, veftuz chacun d'vn manteau à manches de taffetas noir, de faye de fatin noir & bonnetz de veloux noir:
Le procureur du Roy en ladicte eflection & bureaux de la
foraine & magazin à fel, d'vne robbe de damas noir, faye
de veloux noir & bonnet quarré : Les quatre Procureurs
communs, de manteaux de demy foye à manches , & accouftremens de taffetas noir: tous montez fur cheuaux en
houffe de drap noir. Les quatre Commiffaires , de pourpoinct & chauffes de damas violet, colletin de marroquin
blãc, chapeau tanné, auec efpee argentee & bottines blanches : Le fergent de ladicte eflection , de pourpoinct &
chauffes de fatin gris , colletin de marroquin violet , chapeau gris , efpee argentee & bottines blanches. Et auec
iceux encor plufieurs autres officiers de ladicte eflection
diuerfement accouftrez, & tous montez fur bons cheuaux
bien enharnachez.

L e Vicomte de l'eau marchoit confecutiuement, veftu de manteau & accouftrement de fatin, & tocque de
veloux noir. Les quatre Clercs_fiegez, de pourpoinctz &
chauffes de fatin noir & manteaux de foye: montez à cheual en houffe de drap noir. Les quatre Reaux, veftuz de
taffetas gris, chapeaux gris, auec efpees argentees & les
bottines blanches. Les huict Sergens, veftuz de fatin gris,
chapeaux gris, auec efpees auffi argentees & bottines
blanches. Et en leur compaignie marchoient auffi les
officiers de la Charuë, en pareil accouftrement: & les Con-
teurs d'orenges, veftuz de taffetas de couleur de colombin, auec le chappeau de mefme couleur, l'efpee argentee
& bottines blanches; tous montez fur cheuaux bien enharnachez.

L e Vicomte de Rouën, Confeillers & officiers en
icelle vicomté venoient apres, veftuz de leurs longues
robbes & accouftremens de iudicature, ainfi que leurs
eftatz & qualitez le requerent, & montez fur leurs cheuaux en houffes de drap noir.

P v i s le Lieutenant Criminel, Confeillers & officiers
du bailliage & fiege praefidial, femblablement veftuz de
leurs longues robbes & accouftremens de iudicature,
conuenables & decents à leurs eftatz & qualitez, & montez fur leurs cheuaux en houffes de drap noir.

E t apres que tous les deffufdicts furent paffez, mar-
cherent deuant le corps de la ville, Les Capitaines & compaignie des cent quatre harquebuziers d'icelle, habillez
&

& accouſtrez en la maniere qui enſuit; aſſçauoir, Le Capitaine en chef, d'vn pourpoinſt de ſatin incarnat decoupé, coüuert d'vn colletin de veloux gris à manches pendantes; auec les chauſſes de veloux gris, le chapeau de caſtor, l'egrette blanche, la ceinſture & port-eſpee de broderie, l'eſpee & dague dorez : & portoit en main vne picque de Biſcaye accouſtree de veloux, & à fer doré ; faiſant porter par vn des ſiens brauemẽt accouſtré des couleurs du Roy, vne rondache, cuiraſſe & coutelas verniz & dorez : Son Lieutenãt, veſtu de pourpoinſt & chauſſes de veloux gris, auec chapeau de caſtor, eſpee & dague dorees, faiſant auſſi porter deuant ſoy ſa rondache & coutelas : Le Capitaine Enſeigne, d'accouſtremens de ſatin blanc, chapeau de caſtor auec égrette , ceinſture & port-eſpee de broderie, auec l'eſpee & dague dorees. Les Sergens de ladiſte compaignie veſtuz chacun d'vn pourpoinſt de damas incarnat, chauſſes de veloux verd, & chapeau de caſtor; & ayans halebardes, eſpees & dagues dorees. Et les mouſquetaires & harquebuſiers tous veſtus de pourpoinctz de fine toile blanche, & par deſſus de mandilles de veloux verd, doubles de taffetas incarnat ; auec chauſſes de taffetas gris, & bas d'eſtame incarnat ; & ayans leurs mouſquetz & harquebuzes dorez & encornez, banderolles, fourchettes & fournimens couuertz de veloux gris, auec les houppes de ſoye; & leurs morions grauez-dorez en teſte.

L e s cinquante hommes d'armes de ladiſte ville, deſquels le Capitaine en chef, le Lieutenant, l'Enſeigne & Guidon ſur leurs habits de veloux gris enrichi de pluſieurs paſſemens de fil d'or, auoient caſaques de gens-d'ar-

C

mes de veloux verd, enrichies de broderies de fil d'or &
d'argent, & des armoiries du Roy & de la ville; chapeaux
de caſtor gris, garnis de cordons d'or, & pennaches des
couleurs de ſa Maieſté ; eſcharpes blanches frangees &
brodees de fil d'or, bottines de marroquin blanc à pare-
mens de veloux verd brodé de fil d'argent, & leurs armes
dorees. Et eſtoient leurs enſeigne , guidon & banderolle
des couleurs de ſa Maieſté, portans ſes armoiries & de la
ville, enrichies d'or, d'argent & d'azur : & leurs cheuaux,
tous cheuaux de prix brauement enharnachez , & ayans
deſſus leurs teſtes grands pennaches de couleur de gris
blanc, & verd. Les anciens Capitaines de ceſte compaignie veſtuz de ſatin gris, enrichi de pluſieurs paſſemens de
fil d'or ; auoient par deſſus , caſaques de veloux verd ſemblables à celles des Capitaines cy deſſus. Et les gens-d'armes veſtus d'accouſtremens de taffetas gris enrichi de
pluſieurs paſſemens de ſoye griſe , auoient auſſi caſaques
de meſme eſtoffe & pareil enrichiſſement, que celles de
leurs Capitaines, chapeaux & pennaches ſemblables ; &
eſtoient tous bien armez & montez ſur bons & hardis
cheuaux brauement enharnachez.

L A compaignie des Sergens Royaux ; à la teſte de laquelle eſtoit porté vn guidon, ou eſtoient empreints l'i-
mage de S. Loys, & les armoiries du Roy battues en or, &
fleurs de lys d'or, ſur fond de taffetas blanc : & le ſuiuoient
les quatre dizeniers les premiers, ſuiuis des autres Sergens,
veſtus de grandes caſaques d'armes à manchettes & aile-
rons de veloux gris brun paſſementé & accouſtré d'argent, auec le chapeau gris brun, bendé de veloux, & garni

de pennache, leur efcuſſon Royal pendant en vn lacz de
foye incarnat;la ceinɛ̃ture & port-efpee de veloux argen-
té, l'efpee doree, les bottines blanches doubles au rebras
de taffetas incarnat paſſementé d'argent, & les efperons
argentez. Et eſtoient tous montez fur bons cheuaux bien
enharnachez, & ayans felles couuertes de courtes houſſes
de frize argentee,& grands pennaches fur leurs teſtes.

L ᴇ s fix trompettes de la ville, ainſi equippez, qu'ils
eſtoient lors qu'ils auoient faiɛ̃ la publication du iour de
ceſte Royale entree, comme deuant à eſté diɛ̃.

L o ʀ s f'auancerent le Lieutenant general du Bailly
de Roüen, le procureur du Roy audiɛ̃ bailliage & les
fix Confeillers Efcheuins modernes, reprefentans le
corps de ladiɛ̃te ville, veſtus de robbes de veloux noir
doublees de femblable eſtoffe, & foubs icelles de fayes de
fatin noir. Et les accompaignoient les anciens Confeillers d'icelle, veſtus de robbes de taffetas noir & fayes de
fatin noir; Le procureur de la ville, auſſi veſtu d'vne robbe
de veloux noir doublee de meſme, & d'vn faye de fatin
noir : Les quatre Quarteniers, Receueur, Greffier, & Maiſtre des ouurages, veſtus de robbes de fatin noir, doublees
de veloux, fur fayes auſſi de veloux noir. Et auoient tous
tocques de veloux noir, fors lefdiɛ̃s fieurs Lieutenant, &
procureurs du Roy & de la ville, qui portoient leurs bonnetz quarrez. Le Sergent Royal à Maſſe, & celuy de la ville,
precedoient lediɛ̃ fieur Lieutenant, veſtus de manteaux
& accouſtremēs de taffetas noir,& portans en leurs mains
dextres leurs maſſes Royale & de ladiɛ̃te ville. Les houſſes

de leurs mulles & cheuaux eſtoient toutes de drap noir, bandees à l'entour de bandes de veloux accompaignees de franges de ſoye noire. Et outre que les deſſuſdiĉts auoient leurs hommes & laquais chacun en particulier bien accouſtrez; les quatre ſeruiteurs ordinaires de la ville veſtus de leurs caſaques de drap de couleur celeſte, ornees des armoiries de ladiĉte ville, marchoient à pied deuant leſdiĉts Conſeillers Eſcheuins.

E t eſtant ainſi tout lediĉt corps de ville paruenu iuſ-ques deuant lediĉt Theatre ou maiſon Royale, iceux Lieutenant general, procureur du Roy, ſix Conſeillers eſ-cheuins modernes & aucuns des anciens, deſcendus de leurs cheuaux, monterent à la ſalle Royale, où ils ſaluerent ſa Maieſté, & luy firent l'hommage & reuerence deuë, auec vne belle harangue, que luy prononça lediĉt ſieur Lieutenant general au nom de tout lediĉt corps & com-munauté de la ville.

M e s s i e v r s de la Chambre des Comptes mar-choient incontinent apres: & eſtoient veſtus les Preſidens de robbes de veloux noir ſur ſayes de ſatin noir ; & mon-tez ſur mulles couuertes de houſſes de veloux noir : Les Maiſtres des Comptes, de robbes de ſatin noir ; Les Audi-teurs, de robbes de damas & taffetas noir ; ayans tous leurs tocques de veloux noir : Meſſieurs les gens du Roy en la-diĉte Chambre, de robbes pareillement de ſatin noir, & autres accouſtremens ſelon leur qualité, auec leurs bon-nets quarrez: & tous montez ſur mulles en houſſes de drap noir bandees de veloux. Et le reſte des officiers de ladiĉte

Chambre auſſi veſtus & accouſtrez ſelon leurs qualitez. Au nom duquel corps & compaignie Monſieur le premier Preſident en icelle, accompaigné des autres Preſidens & d'aucuns deſdiɛts maiſtres des Comptes, monta en la ſalle Royale, & auec toute reuerence y fit ſa harangue au Roy.

L E corps de la Cour de Parlement ſuiuoit apres, aſſçauoir Meſſieurs les quatre Preſidens, les Conſeillers tant lays que eccleſiaſtiques, les deux Aduocats & Procureur generaux du Roy, les Greffiers Ciuil, Criminel, & des Requeſtes: tous veſtus de leurs lōgues robes d'eſcarlate rouge doublees de veloux noir; auec le chaperō d'eſcarlate ſourré d'ermines & le bonnet quarré; excepté, que Meſſieurs les Preſidens par deſſus leurſdites robbes auoient leurs epitoges ou petits manteaux d'eſcarlate auſſi ſourrez d'ermines eſtendus ſur leurs eſpaules, & leurs mortiers de veloux noir bandez de toile d'or en la teſte; & que les Greffiers portoient chaperons de drap noir. Et eſtoient tous montez ſur leurs mulles bien & conuenablement houſſees & enharnachees. Au deuant d'iceux marchoient les Huiſſiers de ladiɛte Cour, aſſçauoir le premier Huiſſier veſtu d'vne robbe d'eſcarlate rouge doublee de veloux, ayant ſon mortier de drap d'or en la teſte; & les autres, veſtus de robbes de brune eſcarlate, & montez ſur mulles en houſſe de drap noir. Meſſieurs les Preſidens accompaignez d'aucuns des anciens Conſeillers d'icelle Cour monterent auſſi en ladiɛte ſalle Royale pour ſaluer ſa Maieſté, où auec reuerence requiſe Monſeigneur le premier Preſident luy propoſa ſa harangue.

C iij

Qvelqve peu de temps apres que tous les corps de
la Iustice furent passez, selon l'ordre cy deuant declaré; s'a-
uancerent en tresbelle ordonnance les trois compaignies
des Enfans d'honneur à pied, au nombre de trois cens
hommes braues & dispofts, choisis & esleuz sur tous les
corps des mestiers de la ville; & conduicts par trois Capitaines enfans de ladicte ville, bien adroicts, & de long
temps experimentez au faict des armes.

Le Capitaine de la premiere compaignie, marchant
à la teste d'icelle, auec la grauité & hardieffe requife, eftoit
vn des anciens Capitaines de la ville, homme noble &
d'honneur, veftu de pourpoinct & chausses de veloux gris
chamarrez de plufieurs paffemens d'or, auec boutons auffi
d'or, & le chapeau de caftor de couleur grife, garni d'vn
gros cordon d'or enrichi de pierreries, auec pennache &
égrette blanche; le bas de foye gris auec les iartieres de foye
incarnate frangees & brodees de fil d'or : l'efcharpe de taffetas blanc brodee & frangee de crefpine de fil d'or. Il portoit vn efpieu riche & magnifique, ayant la lame damaf-
quinee par feuillages d'or, enlaçez des couleurs du Roy, &
le bafton orné & embelli d'vn grand nombre de diamans
& pierreries richement enchaffees en iceluy; & auoit auffi
vn grand coutelas fupporté à l'antique, en façon d'efcharpe, par vn riche cordon de fil d'or meflé de foye incarnate & verde. Et tout ceft ornement ioinct au bon ge-
fte & beau maintien de ce Capitaine eftoit de trefbonne
grace & de trefbelle apparence, comme il fe peut aucunement confiderer par le portraict d'iceluy, que voyez icy
inferé.

                                              Il eftoit

Figure du Capitaine de la pre-
miere Compagnie des Enfans d'honneur à pié.

Figure du Capitaine de la pre-

mière Compagnie des Enfans d'honneur à pié.

pag. 22.

IL estoit fort bien assisté deuant & en suite des Sergens de sa compaignie, accoustrez de pareilles estoffes & couleurs; qui la maintenoient au meilleur & plus bel ordre qu'il estoit possible. Son Lieutenant, qui portoit l'enseigne, estoit semblablement vestu de veloux gris, chamarré partout de passemens & boutons d'or;& auoit aussi vn chapeau de castor gris auec le cordon enrichi de pierreries & le pennache blanc. Au milieu de son enseigne, qui estoit de taffetas des couleurs du Roy, estoient figurees & dorees les armoiries de France & de Nauarre enuironnees des deux ordres de sa Maiesté; & aux quatre bouts de la croix blanche quatre grandes H couronnees, & autres siennes deuises richement peinctes & elabourees.Les cent hommes que conduisoit ce Capitaine, estoient aussi vestus de la mesme façon & couleurs, la pluspart de veloux, les autres de satin & taffetas, enrichis de passemens d'or & d'argent: & portoient chacun vn iauelot en main, dont la poincte estoit en forme de fleur de lys doree, & le baston couuert de veloux gris, auec vn large passement d'argent tourné à l'entour; leurs espees estoient argentees, leurs escharpes de taffetas blanc frangees d'argent, leurs chapeaux incarnats & bas de chausses verds.

L e Capitaine de la seconde compaignie desdictz Enfants d'honneur à pied, marchand semblablement à la teste d'icelle auec graue maintien & adresse, estoit accoustré d'vn riche vestement de veloux gris , presque tout couuert de passement de fin or en fleurons , & autres passemens en forme de broderie ; les manches de son pourpoinct ouuertes & pleines de taffetas , les fentes attachees de gros boutons d'or assis proches l'vn de l'autre: son chapeau estoit de castor gris brodé de quennetille d'or & d'argent meslees ; le cordon d'or, enrichi de perles & pierreries, auec vn grand pennache blanc, attaché d'vn gros bouton de pierreries ; son bas de soye incarnat : ses iartieres de soye verde semez de broderie d'or, à frange & crespine d'or : son espée & poignard dorez , à fourreau de veloux ; sa ceincture & port-espee de veloux verd richement brodez & enrichis : par dessus paroissoit vne belle escharpe blanche enrichie de franges d'or & d'argent, & en plusieurs endroicts de beaux chiffres & deuises. Il portoit en sa main vne pertuisane doree , artistement taillee, & ornee de grandes crespines d'or & d'argent ; la hante de laquelle estoit toute couuerte de veloux enrichi de passement d'or & d'argent. Le surplus de l'ornement de ce Capitaine, comme son port & braue maintien aussi, pour euiter prolixité , se pourront facilement remarquer par son portraict, qui est icy representé.

Le Capitaine

Figure du Capitaine de la feconde

Compagnie des Enfans d'honneur à pié.

Figure du Capitaine de la feconde

Compagnie des Enfans d'honneur à pié.

pag. 24.

Son Lieutenant, qui portoit l'enfeigne de ladiᵉte compaignie, eftoit veftu de la mefme forte : & eftoit fon enfeigne de taffetas incarnat, verd & gris, couleurs du Roy, decoupez en demies lozenges. Au milieu d'icelle eftoient figurees en or les armoiries de France & de Nauarre , enclofes des deux ordres Royales ; & aux quatre bouts de la Croix blanche , quatre grandes H couronnees , auec plufieurs autres belles deuifes peinᵉtes & bien elabourees. Toute la trouppe par eux conduiᵉte, montant au nombre de cent hommes, comme la precedente , eftoit veftue partie de veloux, partie de fatin & taffetas de couleur incarnat. Et eftoient leurs pourpoinᵉts & chauffes enrichis de paffemens de clinquant de fin argent, les manches ouuertes pleines de taffetas verd, & attachees par la fente de gros boutons d'argent : leurs bas de foye ou d'eftame, gris; leurs ceinᵉtures & port-efpees de veloux verd brodé; leurs efcharpes blanches, frangees de crefpine d'or & d'argent ; leurs chapeaux verds, garnis de pennaches blancs. Et portoient tous en leurs mains dextres chacun vn iauelot à fer doré, induftrieufement faiᵉt en forme de fleur de lys , & ayant le manche couuert de veloux paffementé & enrichi d'ouurages.

D

Lᴇ Capitaine de la troiſiéme bande deſdiƈts Enfans
d'honneur à pied , d'vn pas non moins hardı & maintien
non moins aſſeuré & bien ſeant que les deux premiers,
marchoit auſſi à la teſte de ſa compaignie, accouſtré de
veloux verd, tout chamarré en quille de clinquant d'argent, tant plein que vuide ; auec le chapeau de caſtor gris,
garni d'vn grand pennache blanc , & d'vn cordon de
pierreries , enrichi d'vne fort belle roſe de diamans ; le
ceinƈturon & port-eſpee de veloux gris, tout ſemé de pierreries én broderie ; le bas de ſoye verd, & deſſus vnes iartieres de ſoye incarnatin, auſſi en broderie de pierreries,
& l'eſpee doree. Son Lieutenant veſtu de pareille couleur,
portoit ſon enſeigne des trois couleurs du Roy, & la croix
blanche au milieu , accompaignee de pluſieurs beaux
chiffres en lettres d'or. Ceſte compaignie eſtoit auſſi compoſee (comme les deux precedentes) de cent hommes, veſtus de veloux, ſatin, & taffetas verd, chamarrez de paſſement & boutons de fin argent : auec chapeaux de caſtor
gris, & grands pennaches blancs ; ceinƈturons & port-eſ-
pees de veloux gris en broderie, eſpees dorees ou argentees, & les bas de chauſſes partie d'eſtame, & la pluſpart de
ſoye de couleur incarnat : Et portoient chacun vn iauelot
de la meſme façon que les deux autres compaignies, mar-
chans tous de treſbelle ordonnance, cinq à chaque rang,
apres leur Capitaine accouſtré de la façon que nous auons
diƈt, & que le portraiƈt d'iceluy, que voyez icy repreſenté
le demonſtre.

Portraiƈt

Figure du Capitaine de la troisiefme

Compagnie des Enfans d'honneur à pié.

Figure du Capitaine de la troisiesme

Compagnie des Enfans d'honneur à pié.

pag. 26.

Tost apres ces trois compaignies fufdictes des Enfans d'honneur à pied , parut la compaignie des Enfans
d'honneur à cheual , compofee de trente beaux ieunes
hommes, recerchez entre les meilleures & plus eminen-
tes familles de la ville. Cefte braue & magnifique compaignie eftoit conduicte par vn ieune feigneur Baron iffu
de trefnoble & antique maifon , proche voifin de ladicte
ville. Lequel eftoit veftu d'vn accouftrement de toile
d'argent brodé , & gaufré par tout d'vn bord de fatin de
couleur de tanné cramoifi ; & auoit vn beau chapeau , orné & enrichi de pierreries & d'vn trefbeau pennache
blanc, la ceincture & port-efpee de broderie d'argent, l'efpee & efperons dorez, auec les bottines blanches à rebras
de veloux brodé & enrichi. Il eftoit monté fus vn trefbeau
courfier, ayant vne felle couuerte de veloux verd, & ornee
de paffemens d'argent ; auec vn caparençon de veloux
verd taillé à iour, bordé & couuert de clinquant d'argent,
& garni de longue & courte frange d'argent & foye verde meflez : & tout le refte du harnois auffi couuert de veloux verd, & bordé de paffement d'argent ; ou pendoient
plufieurs houppes de fil de foye verde & d'argent meflez.
Son Efcuyer brauement accouftré, eftoit monté fur vn
beau genet d'Efpaigne, enharnaché d'vne felle de veloux
tanné canelé, enrichie de clinquant ; & ayãt le refte de fon
harnois auffi couuert de veloux tanné, & garni de boucles
& cloux dorez. Les Enfans d'hõneur, qui marchoiẽt foubs
la conduicte de ce feigneur Baron , eftoient veftuz , chacun d'vn colletin de veloux verd, double de taffetas verd,
tout chamarré de larges paffemens d'argent, deux à deux
en quille ; fus le pourpoinct de fatin blanc decoupé &

D 2

passementé d'vn gallon de soye ; haut de chausses de
veloux verd, à bandes doublees de satin verd, & chamarrees en quille de larges passemens d'argent, six en chacune bande ; & le bas de soye verde , & bottines de marroquin blanc rabbatues & doublees de veloux verd chamarré de passement d'argent : auec l'espee & esperons dorez, la ceincture & port-espee de veloux verd brodez de fil
d'argent, le fourreau d'espee de veloux noir ; & le chapeau de castor gris , orné de cordon enrichi d'or , de
perles & pierres precieuses , auec l'egrette & pennache
blancs. Ils estoient tous montez fort à droict sur genetz
d'Espaigne , coursiers & roussins de grand prix : lesquels
estoient tous enharnachez de selles couuertes de veloux
verd , enrichies & chamarrees par tout de passement &
clinquant d'argent , & bordees de frange & crespine de
soye verde & d'argent : & le poictrail , crouppiere & reste
de leurs harnois estoit de veloux verd pareillement chamarré & passementé de clinquant & fil d'argent ; &
auoient aussi tous lesdicts cheuaux chacun vn beau grand
pennache blanc sur teste ; qui les decoroit beaucoup, auec
leur belle & riche parure ; dont ne particulariserons icy le
reste des singularitez, non plus que de tout l'ornement de
ceste braue compaignie , & specialement dudict seigneur
Baron chef & conducteur d'icelle ; laissant au lecteur be-
ning de se representer le tout par la consideration du
portraict d'iceluy seigneur, qui ensuit.

Le Capitaine

Le Capitaine des Enfans d'hor

Le Capitaine des Enfans d'honneur à Cheual.

Le Capitaine des Enfans d'honneur à Cheual.

Ces belles compaignies d'Enfans d'honneur, & toutes les precedentes eftant, en l'ordre que dict eft, paffees par deuant le Roy, & l'ayant decentement falué; continuerent leur chemin & retour en la ville, en mefme ordre qu'elles auoient tenu paffantes par deuant fa Maiefté.

E t incontinent apres commencerent à marcher ceux de la fuite & compaignie de fa Maiefté; affçauoir,

L e s Suiffes de la garde du Roy, veftuz & accouftrez à leur mode des trois couleurs de fa Maiefté, auec leurs armes ordinaires, fifres & tambours:

L e s q v e l s furent fuiuis par les trompettes de fa Maiefté, brauement equippez, auec leurs banderoles des couleurs & armoiries du Roy.

A p r e s eux vindrent les rois d'armes & heraux, auec leurs cottes & maffes d'armes.

E t fubfecutiuement marchoient plufieurs Gentilshommes, Barons, Comtes, Capitaines, & autres feigneurs en grand nombre, tous en leur rang & ordre, fort bien montez & accommodez.

P v i s venoient meffieurs les Cheualiers de l'ordre du S. Efprit, meffieurs les Marefchaux, & Admiral de France, & Monfieur le Grand Efcuyer: tous fort richement accouftrez & bien montez felon leurs dignitez & grãdeurs.

APRES tous lefquels Seigneurs fuiuoit monfeigneur le Duc de Montmorancy Pair & Conneftable de France, portant deuant la perfonne du Roy l'efpee de Conneftable nuë en fa main dextre: & eftoit lediƐt Seigneur autant bien veftu & monté que fon eftat & dignité le requiert.

ET le Roy, apres auoir (ainſi que diƐt eft) receu toutes les harangues, hommages & falutations des deffuſdiƐts corps, communautez & compaignies des officiers, bourgeois & habitans de fa ville de Rouën, & auec contentement les auoir tous veu paffer, & apres eux grande partie de la nobleffe & feigneurs de fa fuite, en l'ordre, auquel ils le deuoient preceder en cefte fienne tant ioyeufe & triomphante entree en fadiƐte ville de Rouën ; defcendit du theatre ou falle Royale: d'où il auoit le tout veu ; & en l'habit auquel il eftoit de fatin gris blanc, monta fus vn trefbeau cheual auffi gris blanc pommelé, fort bien porté fur fes membres; & comme la figure icy reprefentee le demonftre, trefrichement enharnaché; ayant felle & harnois couuerts de veloux cramoifi, chamarré autant plein que vuide d'vn large paffement d'or, auec crefpine & frange de fil d'or à l'entour, & aux extremitez dudiƐt harnois.

Le portraiƐt

Le portraict du Roy, s'acheminant pour entrer en sa ville de Rouën.

A l'inftant fe trouuerent aux coftez de fa Maiefté meffeigneurs les Duc de Montpenfier prince du fang & pair de France , Gouuerneur & Lieutenant general pour fa Maiefté au païs & duché de Normādie, & autres Princes.

ET fe rangerent auffi les Capitaines des gardes du corps du Roy aux ailes : Et à la fuite encores vn grand nombre de Seigneurs, Comtes, Barons, & Gentilshommes de fa Cour.

LE Roy doncques ainfi monté & accompaigné f'achemina incontinent vers la ville, par le mefme chemin que tenoient tous ceux qui le precedoient, le long de la chauffee des Amurees. Etparuenu qu'il fut iufques à l'entree du premier pont, fe prefenta à fa veuë vne maffe de maffonnerie auec vn portique, le tout en forme de ruine: fur laquelle eftoient taillez en boffe à la grandeur du naturel plufieurs maffons & manouuriers : & au plus haut de ladiĉte ruine, vn Amphion comme chantāt & touchant fa lyre, auffi taillé en boffe. Le tout faiĉt & peinĉt auec tel artifice, & fi bien reprefentant le naturel, que tout œil en eftoit deçeu, eftimant que ce fuffent encor les ouuriers qui auoient trauaillé aux ouvrages de maffonnerie faiĉts pour ladiĉte entree du Roy, qui acheuaffent lediĉt ouurage. Ce qui donna plaifir à fa Maiefté, & aux Seigneurs de fa fuite. Et partant en a efté icy exprimee la figure, pour aucunement fatisfaire à l'œil du leĉteur, qui n'en auroit rien veu.

Figure

Figure du Portique, ruines, & maſ-

ſonnerie repreſentez à l'entrée du premier pont.

D e ceſt ouurage la ſignification n'eſtoit moins belle,
que ſelon le deſir & eſpoir des ſpeʃtateurs; donnant le tout
à entendre, que comme l'ancien Roy de Thebes Am-

E

phion eſtoit ſi excellent en l'art de Muſique , que par
l'harmonie de ſa doulce voix & plaiſant ſon de ſa lyre
(comme chantent les poëtes) il attiroit & aſſembloit les
pierres & autres materiaux neceſſaires, dont furent promptement baſties les murailles, tours & fortereſſes de la ville
de Thebes : Auſſy eſt ſi grande l'excellence des vertus de
noſtre Roy, qu'elle donne treſbonne eſperance, que les
ruines de la France ſe voirront en brief toutes reparees &
reſtablies par la grande prudence, liberalité & autres vertus de ſa Maieſté. Parquoy eſtoit eſcrit en lettre d'or, ſur
table de marbre noir au deſſus dudit portique

GALLICARVM VRBIVM RESTITVTORI.

Et ſous l'Amphion eſtoit ce vers Latin

Moenia Thebarum cantante Amphione ſurgunt.

Et vn peu plus bas, ſur la niche qui eſtoit au coſté dextre dudiƐt portique, ceſt autre vers

HENRICO Gallum reparabitur auſpice regnum.

L E Roy ſe monſtrant content & ſatisfait de la repreſentation de ceſte ruine & inſcriptions d'icelle, ne ſ'auan-
ça gueres qu'il n'apperceuſt de front vn grand Arc de
triomphe, baſti d'œuure Ionique, porté ſur le pont leuis de
la premiere porte du grand pont ; & ce d'ouurage fort admirable, n'ayant le tout pour ſon fondement que lediƐt
pont leuis ſeul. Ce Theatre ou Arc triomphal eſtoit con-

ſtruiĉt de douze colomnes en façon de marbre blanc,
aſſçauoir ſix de chaque coſté; auec leurs' ſoubaſſemens,
chapiteaux , architraues , frizes & corniches dorees ; de
hauteur de dixneuf pieds & demy, de dixhuiĉt pieds de
laize , & de quatorze pieds de profondeur. Et au deſſus de
ces colomnes eſtoit eſleué vn ſecond eſtage , d'œuure de
Corinthe,de hauteur de douze pieds & demy; ou eſtoit vn
quarré perſpeĉtif , dedans lequel eſtoit repreſentee en
boſſe vne femme giſante ſus des ruines , auec deux leopards derriere elle : & ſur ſa teſte eſtoit figuré en demy relief vn Ciel ieĉtant abondance de larmes. Elle tenoit en ſa
dextre vn cueur, & auoit le bras & main gauche eſtenduë
vers vne belle effigie du Roy, qui eſtoit ſemblablement
repreſentee dedans lediĉt quarré,à la grandeur du naturel,
& en ſon habit Royal , peinĉt & ſurſemé de fleurs de lys
d'or: & tenant ſon ſceptre de la main gauche, preſentoit ſa
dextre à ceſte femme pour la releuer. Ce qu'elle ſembloit
luy requerir par ces trois motz Latins eſcris au deſſous
d'elle,ſur l'entree de la porte,en lettre d'or.

DA MISERAE DEXTRAM.

CESTE femme auec ſes deux leopards, ainſi couchee
& atterrie ſur ces ruines , repreſentoit la Normandie ; laquelle (comme preſque toutes les autres prouinces de ce
Royaume) a eſté tellement deſtruiĉte & ruinee par la ca-
lamité generalle de ces dernieres guerres ciuiles ; que ſes
pauuretez & miſeres extremes ioinĉtes auec ſes gemiſſe-
mens & prieres, ont faiĉt en fin que la diuine bonté (icy
entendue par ce Ciel larmoyant) en a eu pitié & com-

paffion, & a reuni les cueurs des habitans d'icelle à vne
fainɛte concorde & mefme volonté de viure deformais
entre eux en bonne & continuelle paix fous l'obeiffance
de leur bon Prince & legitime Roy. Auquel reprefenté
(comme diɛt eft) en ce mefme theatre, pour cefte caufe
elle monftroit vn cueur defcouuert, fignifiant luy refter
feulement aprez tant de pertes fon cueur & fyncere volonté, de quoy elle puiffe honorer fa Maiefté, & luy faire
digne prefent. Et luy tendoit l'autre main, comme le fup-
pliant imiter Dieu à fon endroiɛt, & luy apporter toute
ayde & fecours pour la releuer & reftablir en fon ancien-
ne fplendeur & felicité. Pour plus ample declaration de
laquelle deuife furent faiɛts ces vers Latins, comme au
nom de cefte defolee prouince parlant à fa Maiefté, ainfi
que f'enfuit.

A Duentas ô qui, populis laetúfque volenfque,
Ante omneis dileɛte polo, Rex maxime, Reges;
Sic tibi regna polus, fic omnia vota fecundet;
Sic audire meas heic tu dignare querelas.
Jlla ego, quae florens quondam florente vigebam
Pace; meos pompis Reges quae laeta fuperbis
Excipere, ac dominos non vno munere ditis
Oceani, ditifque foli cumulare folebam:
Nunc longa infelix iaceo proftrata ruina.
Martia nam noftro penitus cum fanguine noftras
Haufit opes rabies, ciuilibus alta duellis;
Et mihi cor folum nudumque infefta reliquit.
Quae tibi grata igitur, meritis quae munera poffim
Digna offerre tuis, tanto vel digna triumpho?

Cor ſupereſt nudum mihi ; tu vice muneris ampli
Cor nudum hoc , ô Rex , bonus accipe , quaeſo ; graueiſque
Aerumnas cum flente polo miſerare iacentis,
Atque ſalutarem miſerae mihi porrige dextram.

Av deſſus dudiȼt ſecond eſtage de ce meſme Arc, outre la corniche d'iceluy , eſtoient poſez deux grands vaſes,
d'ou ſourdoient deux branches de palme , qui ſe ioi-
gnoient l'vne à l'autre par le haut , en baiſſant leurs cymes
en forme d'vn demy-cercle , ſous vne grande H couronnee : laquelle eſtoit eſlevee & portee deſſus icelles ; & au
deſſous, dedans le vuide d'entre leſdiȼtes palmes eſtoient
les armoiries du Roy ; ſous leſquelles , ſur vne table d'attente en forme de marbre noir eſtoient eſcris en lettres d'or
ces ſix vers François.

O Rameaux d'Idumée aux vainqueurs ordonnez,
Si du nom de H E N R Y vous n'eſtiez couronnez,
Humilians ſous luy voſtre cyme rebourſe :
Vous ne leur donneriez voz honneurs triomphaux,
Non plus que le canal ne donneroit ſes eaux,
S'il ne les receuoit d'vne plus haute ſource.

Par ces palmes aux coſtez des armes de ſa Maieſté
eſtoit demonſtré que , comme la palme par ſa proprieté
naturelle reſiſte tellement contre l'hiuer & iniures du
temps , qu'elle demeure touſiours belle , en ſa verdure &
meſmes feuilles , ſans en perdre, changer , ny muer aucunes
(ſelon le teſmoignage de bons auteurs) & tant plus elle eſt
chargee & preſſee , tant moins elle cede ou s'abaiſſe , ains

refiftant contre le fardeau fe redreffe toufiours vers le Ciel : Ainfi noftre vertueux Roy par fa prudence & conftance admirable a toufiours refifté, & refifte tref magnanimement à tous les effortz de fes ennemis, & aux abois de l'enuie : malgré laquelle fon nom demeurera floriffant à iamais. Et quand à ce que ces Palmes eftoient en ce lieu reprefentees comme courbees, & (contre leurdiéte proprieté naturelle) flechiffantes leurs cymes foüs le faix de cefte grande H couronnee qui eftoit pofee deffus, elles donnoient à entendre que la grandeur & excellence du nom du Roy (pour le renom de fes vertus & vaillances, & pour l'heur continuel de fes viétoires) eft ià en telle eftime par tout le monde, que les palmes, lauriers, & autres telles chofes dont couftumierement on honore les braues & viétorieux guerriers, peuuent pluftoft eftre par luy honorez, que luy apporter aucun accroiffement d'honneur : Et fembloient par tel abaiffement & fubmiffion tacitement fe recognoiftre beaucoup inferieures aux merites de fa Maiefté ; & enfeigner tous Princes & vaillans guerriers, que pour dignement l'honorer, & pour leur bien & inftruétion, ils fe la deueroient toufiours propofer, comme vn trefbeau miroir, ou pluftoft vne vraye tige ou claire fource de vertu & d'honneur : & qu'au lieu que l'on baille aux viétorieux palmes & lauriers en leurs mains & fur leurs teftes, on deueroit à l'aduenir les orner de diademes & couronnes ou feuft efcrit en belles lettres d'or le nom de HENRY, (comme elles en eftoient lors couronnees) pour tefmoigner publiquement combien l'exemple & memoire d'vn fi vaillant & magnanime Roy leur auroit apporté d'inftruétion, de courage, & de bonheur en leurs entreprinſes & victoires. Sur le ſubiect de laquelle deuiſe, outre les precedens vers François, furent auſſi faicts ces vers Latins.

HENRICO meritas cùm palmas nollet Jdume
Mittere, ne ramis penitus ſorderet ademtis:
Non eget HENRICVS, dixit Victoria, palmis.
Qui numerat quoties victricia rettulit arma,
Vnam hic, aut geminas victor pluréſve duabus
Geſtet ouans palmas, fortis praeconia dextrae:
At quem PERPETVVM VICTOREM fama per omneis
Didita perpetuò celebrat fauſtiſſima terras,
HENRICVM innumeris geſtandis brachia palmis
Quidnam onerare iuuet? Quin palmae, quin ego lauri
Faxo vt ab HENRICO poſthac decus omne peteſſant.
Atque mihi, atque olim victoribus aurea frontes
Sola coronabunt HENRICI nomina, dixit.
Heic ideò ſuperant HENRICI nomina palmas.

P o v r acheuer de deſcrire & ſpecifier tout l'ouurage & repreſentations de ceſt Arc ou theatre, il ne faut omettre, que le plancher d'entre les douze colomnes qui portoient le tout, eſtoit peinct en lambris, auec compartimens dorez & treſbien ordonnez, ou eſtoient les armoiries de ſa Maieſté tenues par deux Anges. La hauteur de tout cedict ouurage, depuis rez de chauſſee iuſques & comprins l'amortiſſement, eſtoit de quarante deux pieds à toiſe, la face de dixhuict pieds de laize, & la profondeur de quatorze pieds comme dict eſt. Dont la figure eſt icy repreſentee.

Figure de l'Arc de triomphe qui

estoit à la premiere porte du grand pont du costé des fauxbourgs.

PASSANT le Roy plus outre dix ou douze pas seulement,

entre

entre le Chaſteau dudiƐt Pont, & le pauillon de la ville ; il
oüit vne grande & fort plaiſante harmonie de Muſique
de voix & ſons d'inſtrumens meſlez enſemble, procedant
d'enhaut ; & parmi le tout eſtoit entendue vne voix aſſez
graue comme de Dieu, parlant & commandant aux eſprits
& intelligences Cœleſtes ainſi que ſ'enſuit.

Eſprits des Cieux mouuans, ſtables Intelligences,
Fendez ſoudain la voye à l'Eſprit qui deſcent,
Pour faire dans vn Ciel gros de mille influences,
A vn Monarque vnique vn vnique preſent.

Ce Monarque eſt mon OinƐt ; il me craint, (†) ie l'aime,
Rendez luy de l'honneur, & l'honneur ſera mien.
Tout Roy d'homme eſt faiƐt Dieu : c'eſt vn autre moy-meſme,
Qui ſur terre diſpoſe & du mal & du bien.

Et au meſme inſtant s'ouurit ſur la teſte de ſa MaieſƐté
vne grande nuee deſcouurant vn Ciel ſphærique fort artificiel, & plein d'vne infinité d'eſtoilles & aſtres flam-
boyãs, auec tous les ordres des corps Cœleſtes y figurez, &
donnans telle clarté, qu'ils eſbloüiſſoient les yeux des re-
gardans. La Sphære de ce Ciel ſe tournoit ſur ſon piuot, de
mouuement contraire à la voulte qui l'embraſſoit ; & toutes deux alloient d'vne admirable roideur & viſleſſe. Du
milieu d'icelle Sphære ſortit vn Ange ſi induſtrieuſe-
ment & artiſtement faiƐt, & ayant ſes mouuemens ſi faci-
les, ſi promptz & ſi libres, qu'il ſembloit eſtre vif : Et de-
ſcendant il preſentoit au Roy d'vne main vne couronne
d'or, & de l'autre vne eſpee dedans ſon fourreau couuert de
fleurs de lys d'or, & enſemble luy prononçoit ces vers qui

F

enfuiuent, par le moyen & induſtrie d'un enfant, reſon-
nant ſa voix dedans vn canal qui la venoit redonner bien
intelligible dedans le corps dudiƆ Ange.

Monarque arreſte toy, le Monarque Cœleſte
Te donne ceſte eſpée auecques le bon iour.
Pren la; mais en ton heur retiens vn cœur modeſte:
Qui ſeſleue, chet bas, & de Dieu perd l'amour.
*   Jl t'a donné l'eſpée aux camps viƆorieuſe,*
Et celle qui ne peut à nulle autre ceder:
Vne de paix reſtoit, que ta main glorieuſe
Reçoit ores d'enhaut pour cy bas commander.
*   Trois fois grand par ces trois, tu peux trois fois heureuſe*
Rendre ſous toy la France, & ton ſceptre agrandir.
Trauaille aprez ce bien. La peine eſt gracieuſe
Qui faiƆ deſſus le front mille lauriers verdir.

Aprez que ceſt Ange eut ainſy parlé au Roy, & accompli ſa legation, il remonta au Ciel incontinent, & en
remontant fut derechef entendu clerement proferant ces
autres vers.

Reſiouiſſez vous Cieux, de la Paix qui vous laiſſe,
Pour retourner en terre habiter ſous HENRY;
Qui pour l'heur du prochain ne rend point d'allegreſſe
Merite que du ſien on ſoit vn iour marry.
*   La terre en face autant, & de fleurs ſe tapiſſe*
Sous les pas de ces deux: auſſi bien deſormais
Tout en elle croiſtra ſans humain artifice,
Car touſiours l'âge d'or eſt ou regne la Paix.

Et viue bien heureux , viue content ce Prince,
Qui chef de guerre, eſt faict chef de Paix auiourd'huy :
Du monde il ne fera qu'vne ſeule prouince,
Et s'il y a des Roys, ils feront Roys fous luy.

P A R toute ceſte diuine & Cœleſte melodie , & par la
beauté de ce Ciel artificiel , grande ſplendeur & clarté de
ſes corps tant lumineux , ſi promptement deſcouuerte par
l'ouuerture de la nuee ; ſembloit eſtre repreſenté à ſa Maieſté, combien aprez la reünion des cueurs & affections de
tous ſes ſubiects de ceſte prouince de Normandie fous fon
obeiſſance, leur commune ioye & allegreſſe , & tous les
honneurs qu'ils luy faifoyent vnanimement en ceſte ſien-
ne triomphante entree , eſtoient plaiſans & agreables à
Dieu & à tous les Cœleſtes & bienheureux eſprits ; qui ſembloient au meſme temps en donner certain teſmoignage,
non ſeulement par ceſte belle fiction & repreſentation de
leur ioye, mais auſſy par la vraye clarté du Ciel & grande
ſerenité de l'air ; dont Dieu (qui ſouuerain auteur & moteur
du Ciel & corps Cœleſtes , diſpoſe des faiſons des iournees
des pluyes beau temps & autres effectz d'iceux à ſa volonté) fauoriſoit & le Roy & ſes ſubiectz ; leur donnant au
milieu de tant de pluyes froidures vents & brouillars,
dont toute ceſte faiſon Automnale fut continuellement
accompaignée, ce iour ſeul ſi beau , ſi cler , ſi doux & ſerein,
qu'il ſembloit que ce fuſt l'un des plus beaux iours de
l'Eſté, deſtiné & reſerué pour commodement & felon que
chacun le deſiroit celebrer ce triomphe Royal , & entree
tant memorable. Laquelle eſtoit comme vn bon & vray
augure de la paix generalle de tout ce Royaume, & de la

F ij

Chreftienté. Ce qui fembloit auffy eftre reprefenté à fa Maiefté, par l'artificielle defcente & legation de ceft Ange. Car il luy prefentoit (comme auons def-ia dict) d'vne main vne couronne d'or, qui fignifie la dignité, puiffance & autorité Royale; & de l'autre, vne efpee en fon fourreau tout femé de fleurs de lys d'or, qui eft vn vray fymbole de paix: faifant entendre par ce moyen, que comme Dieu l'auoit eftabli Roy, pour commander fur fes peuples, & luy auoit donné la puiffance de defendre & conferuer fa Couronne, & veincre fes ennemis, auffi efperoit on qu'il luy donneroit en brief & à tous fes fubiects vne bonne paix generalle. Par la reception & entretenement de laquelle luy regnant heureufement auec toute clemence & douceur, fans doubte fes Royaumes feroient pour reflorir tellement en toutes richeffes & felicitez, que fon regne pourroit eftre à bon droict nommé à l'aduenir Regne ou fiecle d'or; ainfi qu'il eft affez clerement exprimé par les precedens vers François: Outre lefquels auoient auffi efté faicts pour la legation dudict Ange ces quatre vers latins.

Qui tutelarem tibi, victoremque merenti
Omnipotens exercituum Dominus dedit, ô Rex;
Jdem pacalem tibi dat pacis Deus enfem;
Vt proprios placida populos in pace gubernes.

Figure du Ciel, qui eſtoit entre le

Chaſteau du Pont, & le pauillon de la ville : dont vn Ange
deſcendoit apportant au Roy l'eſpee de Paix.

L E Roy ayant oüy la Muſique, veu ce Ciel artificiel
& belles choſes repreſentées en iceluy, & entendu les vers
cy deſſus recitez par l'Ange, continua ſon chemin par

deſſus le grand Pont: des le bout & entree duquel com-
mençoit vne double haye de ſoldatz fort proches les vns
des autres; qui continuoit tout le long des ruës par ou deuoit paſſer le Roy iuſques au grand portail de l'Egliſe de
noſtre Dame. Et eſtoit le deuant des maiſons deſdictes
ruës de coſté & d'autre orné de belles & riches tapiſſeries,
que les habitans y auoient tendues, chacun endroit ſoy, le
mieux qu'il leur auoit eſté poſſible. Incontinẽt l'artillerie
de la ville, qui eſtoit en grand nombre rangee deſſus les
quays, & celle du chaſteau du vieil Palais commencerent
à ioüer; comme auſſi celle des nauires, & autres vaiſſeaux
eſtans ſur la riuiere : Et redoublerent par pluſieurs vol-
lees, auec le ſon de leurs trompettes, tambours & clerons.
Et auſſi toſt parurent du coſté d'amont ſur la riuiere, trois
galleres & deux nauires dreſſez & equippez en guerre, ſça-
uoir eſt les galleres à la mode eſtrangere, & les nauires à la
Françoiſe: pour faire entre eux vn combat naual, & donner plaiſir au Roy. Ce qu'ils demonſtroient vouloir en-
commencer, par eſcarmouches qu'ils faiſoient de part &
d'autre à coups de canon & harquebuſes: mais le Roy con-
ſiderant le peu de temps & de loiſir qu'il auoit pour voir
tout ce combat, à cauſe des autres ſingularitez qu'il deſiroit voir ce iour dedans la ville; feit faire commandement
de remettre ledict combat à vn autre iour, & ne voulut
s'arreſter plus longuement ſur ledict pont : parquoy paſſant outre, arriua incontinent à la porte de la ville.

DE laquelle porte la maſſonnerie eſtoit ornee & enrichie de beaux & conuenables ouurages de Dorique &
Ruſtique : & ſur icelle y auoit vn daiz faict de comparti-

mens perçez à iour : dedans lequel eſtoit vne bande de
ioüeurs de cornet, qui commencerent à iouer & ſonner
fort melodieuſement à la venue du Roy, ayans pour la lettre & ſubieĉt de leurs ſons & Muſique les vers Latins cy
aprez inſerez ; Combien que toutesfois iceux vers
auoient eſté faiĉts pour eſtre employez en autre endroit, ſi
la briefueté du temps donné pour preparer & dreſſer tant
de beaux ouurages & ſpeĉtacles de ceſte ioyeuſe entree,
euſt permis entierement executer le tout ſelon les inuentions & deſſeings, & ainſi que l'on le deſiroit. Car ils furent compoſez pour accompaigner trois grandes ſtatues
ou figures que l'on auoit deliberé repreſenter en ceſte entree, & placer enſemble en certain autre lieu commode;
aſſçauoir, l'vne d'vn Roy armé, repreſentant Euagoras ancien Roy de Salamis en Cypre, qui par ſa vaillance & vertu recouura le Royaume de ſes anceſtres occupé par les
Phoeniciens eſtrangers; La ſeconde, & troiziéme, de deux
Empereurs Romains, en leurs habits imperiaux; La ſeconde repreſentant Titus fils de Veſpaſian, lequel pour ſa
douceur & clemence fut appelé *Orbis amor*, & *Humani gene-*
ris deliciae : & ſe confiant tellement en ſon innocence, qu'il
contemnoit tous les faux bruits que pluſieurs faiſoient
courir de luy, aima tant la paix & douceur qu'il ne vouloit
eſtre faiĉt recerche de ceux qui l'auoient offencé, meſmes
pour auoir attenté contre ſa perſonne & ſon empire. Et la
troiziéme repreſentant auſſi Traian, qui fut ſur tous tref-
bon Empereur de Romme, & vaillant: mais duquel l'honneur de ſes faiĉts d'armes, quoy que trefgrand & admirable, fut encor ſurmonté par ſa douceur & humanité. Car il
fut fort gratieux, priué & liberal enuers tous: aimant les

gens de bon vouloir & de bon efprit; & donnant aux villes force belles franchifes, à caufe dequoy il fut eftimé approcher de la diuinité. Toutes lefquelles chofes ne fe pouuant plus dignement dire d'autre Prince que de noftre Roy ; fembloit qu'à bonne raifon il pouuoit auffi eftre non feulement comparé, mais pour le merite de fes vertus beaucoup preferé à ces trois perfonnages , quoy que grands, & celebrez par l'antiquité pour trois des plus dignes Roys & Empereurs qui furent onques : Pour quoy mieux donner à entendre auoient efté faiﬅs cefdiﬅs vers Latins qui enfuiuent.

Quis nouus Euagoras regnum heic fibi vendicat ? ecquis
Orbis amor Titus hic ? Bonus hic quis & aurea laetis
Secula Trajanus populis cum pace reducit?
  Qui venit & lauro cingendus (t) ilice multa
Marte potens, Regum ftirpis decus, aemulus almae
H E N R I C V S quartus fidei rex nofter auorum.
  Euagora atque Tito , Trajano auguftior ipfo,
Vrbi reftituit ciues & ciuibus vrbem.
O longùm Rex re , ceu nomine fit Bonvs orbi.

A v deffus de ce daiz qui eftoit fur ladiﬅe porte de la ville, eftoit efleuee en boffe vne grande figure de femme, coiffee & accouftree à l'antique; laquelle ouuroit fon fein auec fes deux mains, & auoit deuant elle vn Agneau fe dreffant & pofant l'vn de fes pieds fur fon giron. Et aux deux coftez de ladiﬅe femme eftoient auffi efleuez en boffe deux grands Tritons tenans chacun vn cor ou conque de mer en vne main, & vn trident en l'autre.

P A R

P A R femblable aux coftez dudi&t daiz, fur la corniche de la porte deux Amours tenans chacun d'vne main
vne armoirie du Roy, & de l'autre vn flambeau ardant,
montez l'vn fur vn grand Chien , & l'autre fur vn Taureau, le tout fai&t & efleué en boffe. La figure de ladi&te
femme reprefentoit la noble & antique cité de Rouën,
laquelle faifoit apertement voir au Roy la bonne volonté & affe&tiō qu'elle a, de luy faire feruice. Les Tritons fon-
nans de leur cor reprefentent le fameux commerce &
trafficq maritime que ladi&te ville a par toutes les parties
& nations du monde: L'Amour porté fur le Chien, fignifie
la fidelité des habitans de la ville enuers leur Prince: celuy
porté fur le Taureau, denote l'amour obeiffant defdi&ts
fubie&ts. Sous la figure de ladi&te femme eftoit efcrit en
lettre d'or fur table figuree en marbre noir ce mot Latin
ƒMPERA. Et au milieu dudi&t daiz eftoit femblablement
efcrit en lettre d'or,

OBEDIENTES VSQVE AD MORTEM.

Surquoy furent auffi fai&ts ces vers Latins:

Quanta fides & quantus amor fit , quanta voluntas
Parendi tibi , Rex , hæc pectora nuda loquuntur:
Agnus vt , ad mortem vfque tibi parebimus omnes.

Sous la figure du Chien eftoit efcrit

DVX AMOR EST FIDEI.

Et au deffous de celle du Taureau.

VIRES FRAENANTVR AMORE.

G

Figure de ladicte porte.

Ex cette porte, au dedans de la ville, estoient les quatre Conseillers Escheuins modernes descendus de dessus
leurs cheuaux, attendans le Roy : auquel ils presenterent

Portraict de HENRY IIII Roy de

France & de Nauarre, marchant sous son poile triomphal porté par les Escheuins modernes de sa ville de Rouën, à son entrée audict lieu.

Ἄλλοις μὲν Θεὸς ἄλλα μέλεν βασιλεῦσιν ἔδωκε·
Νῶρεν δ' ΙΡΙΙΚ΄ καὶ σαξίμΰι, ἠδ' ἀγαπῆσαι.

pag. 51

vn poile de veloux cramoiſi violet brodé de fil d'or,& enrichy des armoiries de France,& de Nauarre,de Normandie,& de ladiĉte ville,accompaignez de fleurs de lis de fin
or,auec la frange & creſpine de fil d'or & ſoye cramoiſi
violet,le fond de taffetas auſſi de pareille couleur, peint en
or des armoiries & deuiſes de ſa Maieſté.

Lᴇ Roy eſtant ſoubs lediĉt poile que portoient leſdiĉts quatre Conſeillers Eſcheuins modernes eſtans à pied
& ayans leurs teſtes nües,ſ'aduança amont la grand' ruë du
grand pont,iuſques au detour de la ruë aux Ouës,ou eſtoit
eſleué vn haut & ſuperbe obeliſque quarré , de ſoixante & cinq pieds de hauteur, porté à iour ſur quatre harpyes
poſees aux quatre coings d'vn pedeſtal de hauteur de neuf
pieds,portant en ſon eſquarriſſeure cinq pieds de large de
chacun coſté. Tout le long des quatre coſtez eſtoient repreſentez en figure de bronze departies en neuf aſtragales ou pans,tous les labeurs d'Hercules,auec telle perfe-
ĉtion d'ouurage , qu'il ſembloit que ce fuſt vrayment
bronze. Au dernier & dixieſme aſtragale, vers la pointe &
amortiſſement de ceſt obeliſque eſtoient figurees les armoiries de ſa Majeſté,auec vne grande fleur de lis: au deſſus de la pointe & extremité naiſſoit vn grand ſoleil d'or
luiſant , oppoſé au Soleil de Mɪdy ; qui donnant de ſes
rayons alencontre,le faiſoit briller d'vne admirable clarté.
Iceluy Soleil eſtoit ſeulement porté ſur la pointe de l'vn
de ſes rayons portant vne grande H couronnee. Tout le
corps de ce grand obeliſque, repreſentoit les aĉtes gene-
reux & laborieux du Roy, comparez à ceux d'Hercules.
Le Soleil repreſentoit l'illuſtre perſonne de ſa Maieſté. Les

G ij

Harpyes ployez & atterries fous le faiz de cefte grande
maffe denotoient l'Enuie fubiuguee fous la force de la
vertu. En l'vne des quatre tables du pedeftal du cofté vers le
pont eftoient efcrits en lettre d'or ces quatre vers François,

Hercule & Henry font femblables
En vertus, en dicts, & en faicts:
Sinon qu'Hercule eft dans les fables,
Et Henry dedans les effects.

Surquoy furent auffi faicts ces vers Latins pour l'vne
des autres tables.

Amphitryoniades, & Thefeus antè ferarum
Monftra peremerunt, HENRICVS major vtroque
BORBONIDES, Regum decus (t) lux aurea fecli,
Monftra hominum domat ac fcelerum, victórque triumphat.

E n l'autre table vers le cofté de l'Eglife de noftre Dame, eftoit par femblable efcrit en lettre d'or.

HERCVLES GALLICVS.

Et la quatriefme table reftoit fans nulle infcription,
fignifiant le grand efpoir, & attente d'autres vertus &
faicts heroïques que doit acheuer fa Maiefté.

Figure

Figure de l'Obelifque, qui

Figure de l'Obelifque, qui
eftoit en la ruë du grand pont, au detour de
la ruë aux Oiics.

Le Roy ayant contemplé ce magnifique ouurage vray hieroglyfique de fes vertus, detournant à main gauche, entra dans la ruë aux Ouës, & eſtant au milieu d'icelle, les quatre Quarteniers de ladiɡe ville deſcendus de leurs cheuaux prindrent des mains des Conſeillers Eſcheuins modernes le poile fous lequel eſtoit fa Maieſté, qu'ils porterent tout le reſte du chemin eſtans à pied & leurs teſtes nuës: & leſdiɡs quatre Conſeillers Eſcheuins remonterent à cheual pour aller reioindre le corps de la ville.

Povrsvivant fon chemin de la ruë aux Ouës, par deuant l'Egliſe de S. André, fe preſenterent de front à fa Majeſté deux grandes figures taillees en boſſe, de fept pieds de hauteur portees fur deux grands vaſes, de hauteur de huiɡ pieds (comprins leurs gorgerins & aſtragales) & de cinq pieds de diamettre, qui font quinze pieds de circonference. Les pedeſtats fur leſquels eſtoient portez leſdiɡs vazes auoient cinq pieds en quarré, & de hauteur quatre pieds, ces deux figures eſtoient placees en la feparation de la ruë de la Viconté, & de la ruë du Merrain. L'vne d'icelles repreſentoit la viɡoire du Roy, tenant en vne main vne couronne, & vn fceptre, & de l'autre vne palme: A fes pieds eſtoit la figure de l'ennemy fubiugué auec pluſieurs trophees & deſpouilles de guerre, & fous fes pieds au plus haut du vaze eſtoient eſcrits en lettre d'or ces mots Grecs

ΣΤΑΣΙΜΟΣ ΝΙΚΗ.

L'avtre tenant en l'vne de fes mains vne eſpee, & en l'autre vnes balances, auec pluſieurs maſques eſtans à fes pieds, denotoit la Iuſtice: & eſtoiët eſcrits en lettre d'or au

G iij

haut de son pedestal ces mots Grecs

ΟΣΥΔΕΡΚΗΣ ΔΙΚΗ.

Entre les deux figures pendoit vne table en forme de marbre noir, ou estoient escrits en lettres d'or, ces quatre vers François.

Les Rois qui par honneur portoient le nom d'Auguste,
Et le nom de Cesar des histoires chery,
Recongnoissans Henry plus vaillant & plus iuste,
Ne voudront plus porter que le nom de Henry.

Sur la signification de ces deux figures furent aussi faicts les vers Latins ensuiuans; asçauoir ces trois sur la Victoire,

Quae te heic exspectans, positis stat firmiter alis,
Palladia qualis Victoria stabat in vrbe ;
Francorum aeternùm fore se , R E X , te duce , spondet.

Et ces autres, sur la Iustice,

Quæ sine larua , oculis heic acribus omnia latè
Iustitia aspectat, populis te H E N R I C E iuuante ,
Lance tuis iusta (t) gladio ius vindice reddet.

Les figures de Iuftice & Victoire.

L E Roy continuant fon chemin par la rue du Merrain
apperçeut vne haute colomne en façon de iafpe, de hauteur de vingtquatre pieds(comprins fon pedeftal, baze &
chapiteau) ayant par le bas deux pieds de diametre elle-
uee fur vn grand embaffement de fix pieds de haut, placee

dans la grande ruë du gros Orloge, & oppofee au front de
ladite ruë du Merrain. Sur icelle colomne eftoit portee en
boffe à la grandeur du naturel, la figure de la Renommee
qui tournoit artificiellement de toutes parts, tenant en fa
main dextre vne trompette quelle embouchoit & faifoit
fonner de fois en autre,& principalement lors que le Roy
paffoit. Elle auoit en fon dos deux grandes ailes, & fous
fes pieds vne tefte de mort,& en fa main feneftre vne
grand' H couronnee. Au foufbaffement de ladiête colomne,& fur la plus haute corniche de fon pedeftal, eftoit
affife la figure de l'Hiftoire fculpee en boffe, tenant vn li-
ure ouuert en fa main, & l'œil dreffé en haut vers la figure
de la Renommee. Au deffous & plus bas vers le pied du-
diêt pedeftal, eftoient auffi releuees en boffe les figures de
la Guerre & de la Paix, tenans à leurs pieds vne Furie en-
chaifnee: & entre les deux figures de la Paix,& de la Guerre, vn Lion, qui icttoit vn effain d'abeilles de fa gueulle.
Au milieu du pedeftal, eftoient efcrits en lettre d'or ces
vers Latins.

Delicium Hiftoriae ac Famae , fed vera canentis,
H E N R I C V M Reges exemplar habete futuri,
Vt faufté populos (t) bello (t) pace regatis.

Et au deffus de la figure du Lion;

EX ORE FORTIS MANSVETVDO.

Ceste colomne, auec toutes fes figures enrichies d'or,
& viues peintures reprefentoit la longue & permanente
duree du renom,faiêts,& geftes du Roy.

La figure

La figure de la Renom-

mee Royale *esleuee sur vne colomne dans
la ruë du gros Horloge deuant la
ruë du Merrain.*

La figure de la Renom-

mée Royale esleuée sur vne colomne dans
la rüe du gros Horloge deuant la
rüe du Merrain.

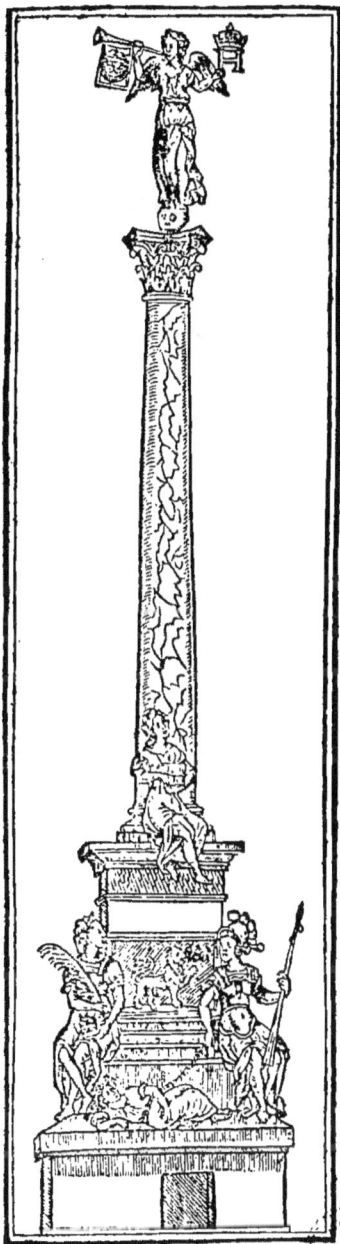

Pag. 55.

Par ceſte grande ruë le Roy paruint iuſques deuant l'hoſtel commun de la ville, paſſant par deſſous la voulte du gros Orloge, ouurage autant beau & exquis qu'il en ſoit en Frāce; lequel de nouueau auoit eſté nettoyé & rafreſchy pour faire honneur à ſa Maieſté. Deuant ceſte maiſon commune de la ville, eſtoit dreſſé vn gracieux & plaiſant Iardin, accompaigné d'vne treſbelle tonnelle en façon de dôme, compoſee de toutes ſortes d'arbriſſeaux & fueillages verds, auec deux grands portiques de pareille verdure, & au dehors d'icelle eſtoient dreſſees douze grandes colomnes retorſes auec leurs ſouſbaſſemens & chapiteaux faits à ouurage de Corinthe de hauteur de douze pieds: le tout faiɛt de ſemblable verdure. Sur ces douze colomnes eſtoit portee vne grande corniche hors œuure enuironnant lediɛt dôme; & ſur le parmy d'iceluy ſ'eſleuoit vn amortiſſement auſſi de forme ſpheri que, porté ſur ſix petits pilaſtres de verdure de ſix pieds de haut treſſez en forme de menuiſerie ; le tout ſi gentiment & mignonnement faiɛt, que le bois taillé & menuiſé au ciſeau ne pourroit eſtre mieux. Toute ceſte tonnelle portoit de hauteur depuis le bas iuſques au dernier amortiſſement de ſon dôme, vingtcinq pieds, & ſaize pieds en ſon diametre par le bas. Entre ces verdures pendoient pluſieurs fruiɛts imitās le naturel, auec diuerſité de petits oyſeaux artificiels chantans chacun ſon ramage, par le moyen de pluſieurs inſtrumens & voix articulees: Ce qui donnoit vn grand contentement & plaiſir. A coſté le long de la muraille de l'Egliſe de noſtre Dame de la Ronde, y auoit vn boccage en perſpeɛtiue, ou eſtoit repreſentee la metamorphoſe de Daphné. De ce bois ſortit vn grand Dragon repreſentant le ſer-

H

pent Python qui vomiſſoit par la gueulle & narines des flammes & eſpeſſes fumees artificielles: & à l'oree de ce taillis eſtoit auſſi Apollō repreſenté par vn ieune homme de cheueleure blonde, accouſtré à l'antique,& veſtu d'vn hoqueton de taffetas bleu celeſte, auec les hauts de manches à lambeaux de ſatin iaune. Le bas ou pannee du hoqueton, qui lui deſcendoit ſur le genoil, eſtoit couuert de grandes bandes ou lambeaux auſſi de ſatin iaune;& le tout chamarré de paſſement d'argent.Il auoit les bras & iambes couuertz d'vn taffetas de couleur de chair couſu au iuſte; les brodequins de ſatin incarnat brodez & chamarrez de clinquant d'argent, & ſa teſte enuironnee d'vn chapeau de laurier : il tenoit vn arc en ſa main, & pendoit en eſcharpe ſur ſon dos vn carquois plain de fleches ; & ſ'adreſſant à la perſonne du Roy, lors qu'il paſſoit par deuant ce bois,luy prononça les vers François qui enſuiuent.

Puis qu'vn nouueau Python dedans Lerne nourry
Me r'aſſaut derechef ; ô grand Dieu du tonnerre,
Donnez à voſtre fils vn tel bras qu'a HENRY,
Pour dompter comme luy les monſtres de la terre.

PVIS il entra en combat contre lediſt ſerpent, qu'il tua auec pluſieurs coups de traiſt,ſe parant agillement des mouuemens furieux de ceſte beſte, fort bien repreſentez par celuy qui la faiſoit mouuoir. Ce combat fini, & le ſerpent eſtendu mort par terre , ce ieune adoleſcent ſ'adreſſant derechef au Roy,luy recita ces autres vers François.

O grand Roy que le Ciel faict en terre habiter
Pour tefmoigner de luy aux hommes les miracles :
Par la mort de Python que tu m'as veu dompter,
Tu congnois qui ie fuis , efcoute mes oracles.

En la paix des François ton bon heur n'eft borné.
Par toy la mefme paix au monde fera mife
Reduit deffous ta main : car il eft deftiné,
Qu'il n'ait plus de ton temps qu'vn Roy , & qu'vne Eglife.

Luy qui n'eft à l'amour d'vn feul monarque enclin,
Apres auoir fuy ton pied qui le talonne,
Se doit comme Daphné laiffer prendre à la fin,
Et deuenu Laurier te feruir de Couronne.

Nul ne t'empefchera qu'il n'augmente ton los,
Car ta lance , l'honneur des futures hiftoires,
En lettres de pur fang doit grauer fur le dos
Des ennemis vaincus , l'hymne de tes victoires.

En vain donc pour trancher le cours de ce bon heur,
L'Efpaigne à contre toy fes enfeignes tournees:
Bien toft elle fçaura par fon propre malheur,
Que qui s'oppofe à toy , s'oppofe aux deftinees.

Car ta mafle vertu , feulle pareille à foy,
Voguant comme vne nef par deffus les defaftres,
Fera que tes haineux fe hauffans contre toy,
Au lieu de t'abaiffer , t'efleueront aux aftres.

H ij

CE Iardin fignifioit le repos, plaifir & liberté des
chãps, que le Roy & fon peuple auront durant fon regne,
& que tout ainfi que Python icy prins pour les mauuaifes
vapeurs de la terre, a efté tué par Apollon, entendu pour le
Soleil; ainfi le Roy diffipera par les raiz de fes vertus tout
ce qui eft de mauuais & peut apporter nuifance au champ
de fon Royaume : & pourfuiuant toufiours le bien & entiere ioüiffance de fon pays par l'amour vehement qu'il
luy porte (comme Apollon à fa Daphné) n'embraffera
que des Lauriers. En ce Iardin eftoient auffi ces vers Latins
fus le combat d'Apollon, contre le ferpent Python.

Quis Pythona nouum, qui tot modò ventre premebat
Iugera peftifero, nouus heic proftrauit Apollo?
Haec eft Latoïdae maior victoria dextrâ:
HENRICI tota eft, qui Gallus habetur Apollo.
Nulla operis tanti famam deleuerit aetas.

Puis en la mefme perfpective furent appofez ces vers
Latins fus la metamorphofe de Daphné.

Quem fugis, ô virgo, Deus eft. Quid pofsit amore
Dignius effe Deo? Sequitur, teque ardet in vna
Pythonis victor. Licet haud vincére puella,
Victorem Laurus tamen amplectéris amantem.

❧ Figure du Iardin.

LE Roy s'estant esiouy en la beauté de ce iardinage,
& des choses y representées, continuant le reste du chemin de son entrée, arriua au dernier arc de son triomphe
placé au front & aduenue du paruis de l'Eglise Cathedrale
& Archiepiscopale de nostre Dame de Rouen. Cest arc

autant beau & fuperbe qui f'en puiffe voir eftoit bafty
en forme de maffonnerie d'ordre de compofite,à deux
faces (c'eft à dire ayant autant d'ouurage d'vn cofté que
d'autre) de hauteur de quarante pieds, & de trente de largeur : les tiges ou verges des colomnes, en nombre de dix,
portoient de hauteur douze pieds auec leurs foufbaffemens & chapiteaux en leur proportion requife.

Av deffus & outre la derniere corniche, & tout au mi-
liéu d'iceluy arc , eftoit pofé vn grand globe terreftre de
cinq pieds de diametre, fur lequel eftoit efleuee en boffe
vne ftatue de fix pieds de hauteur fort bien reprefentant la
perfonne du Roy en fes accouftremens Royaux, & tenant
vn fceptre en fa main. A fes deux coftez eftoient auffi efle-
uees en boffe deux grandes ftatues de dix pieds de hauteur,
l'vne tenant vne couronne imperiale; l'autre vne guirlande ou chapeau d'eftoilles, dont elles couronnoient la ftatue du Roy. Au bas & le long du globe eftoient les figures
de l'Occafiõ, & de la Prudence: & aux deux bouts de l'arc,
aux extremitez & fur le haut de la corniche deux Lions
efleuez, tenans chacun vne enfeigne, qui portoit emprain-
tes les armoiries de France & de Nauarre, & à leurs pieds
y auoit des figures d'hommes morts & trophees de guerre.

D'vn cofté de la voulte de ceft Arc, au deffous de la
corniche, en la face de vers l'Eglife de S. Erblanc, eftoit figuré en demy relief vn Amour, qui touchoit de la main
dans vne main du Ciel : fur lequel eftoient ces mots Grecs

ΕΡΩΣ Ο ΕΧΕΕΒΨΟΣ ΕΝΤΕΛΕΧΕΙΑΣ.

Et au deffous de luy dedans vne niche eftoit taillee en

boffe, vne grande & hideufe Fureur ou Tyrannie enchainee, & accroupie de honte. Sur lefquelles deuifes furent
auffi faiƐts ces vers Latins

Caelum & Amor iungunt dextras : eft vinƐta Tyrannis.
Sunt Rex (t) populus caelefti foedere vinƐti :
ViƐtor amor praes-eft fidei fat dignus vtrinque.

Et de l'autre cofté de ladiƐte voulte, en la mefme face
dudiƐt Arc, eftoit femblablement figuré au deffous de la
corniche, vn autre Amour armé & tenant d'vne main vn
Lys, & vne efpee de l'autre : fur lequel eftoient efcrits ces
autres mots Grecs

ΟΥΡΟΣ ΕΡΩΣ ΑΡΗΟΣ ΑΡΕΙΩΝ.

Et dedans vne autre niche deffous luy, eftoit pareillement taillé en boffe à la grandeur du naturel le Dieu Mars
endormi fur ces armes. La fignification de laquelle deuife
fut comprife en ces vers Latins

Stante quid armato (t) vigili Mars dormit Amore ?
Regis amor Gallis , Gallorum & mutuus ipfi
Tutior armato eft cuftodia milite Regi.

Et au haut de cefte premiere face dudiƐt Arc, deffus la
voulte du portique d'iceluy, eftoit fur vne table d'attente,
en façon de marbre noir, cefte infcription en groffes lettres d'or

S. R. MAIESTATI

HENRICI IIII. D. G. FRANCOR.

ATQ. NAVAR. PIIS. FORTISS.

FORTVNATISSIMIQ. REGIS BONO

CHRISTIANAE R. P. NATI POPVLOR.

OPPIDOR. Q. ADSERTORIS

CLEMENTISS. ATQ. ADEO

VERE INCOMPARABI

LIS PRINCIPIS SVI

CIVITAS ROTOMAGENSIS ET

VIRTVT. ET VERITAT. ERGO

B. M. P.

En l'autre face de ce mesme Arc triomphal, du costé regardant vers l'Eglise de nostre Dame, au dessus de la mesme voulte du portique & derriere la precedente inscription, estoient pareillement escrits en grandes lettres d'or sur table en forme de marbre noir ces six vers Latins ensuiuans.

Fortia

FORTIA *funt alijs , alijs Clementia laudi*
Corda : fed HENRICVS *Reges Rex* QVARTVS *vtrifque*
Exfuperans alios ; geminis Prudentia iunais,
Addidit : inde tribus quartam fe Occafio femper
Affore iurauit comitem bona ; legibus orbem
Vt totum Gallis fubmittat Rex BONVS ORBI.

Et deffous l'vn des deux Amours, qui y eftoient par
femblable figurez en demy relief, & reprefentez fur lefdi-
&es niches de la mefme façon qu'ils eftoient en l'autre face
dudi& Arc, eftoient efcrits ces deux mots, faifans le commencement d'vn vers Latin

PATRIAE AMOR

Et deffous l'autre , ces autres faifans le refte du vers

PACTUM HENRICI INVIOLABILE REGIS

PAR la ftatue qui eftoit, comme di& eft, fur le globe
terreftre au deffus de ceft Arc trióphal, eftoit dóné à entendre que le Roy eft digne pour fes rares vertus de commander à toute la terre. La grande figure à cofté le couronnant
d'vne couronne Imperiale demôftroit la force & grandeur
du Roy : & l'autre encor plus grande figure le couronnant
d'vne guirlande d'eftoilles furpaffant la couronne Royal-
le, denotoit que fa clemence excede fa force, imitât en ce la
bôté de Dieu, duquel il eft l'image. Les figures de l'Occafió
& de la Prudēce fignifioient qu'en fa domination il n'en-
treprend rien qu'auec fageffe aux occafions qui fe prefen-

I

tent.Par les Liõs, trophees & defpouilles eftoit entendue la·
grande magnanimité, conftance & clemence de fa Maiefté. La Tyrannie enchainee, & l'Amour eftãt au deffus de-
mõftroit que le Roy la tient captiue par fa douceur & man-
fuetude. La figure de Mars endormy fur fes armes & l'A-
mour fur luy figuré, fignifioit l'amour de la patrie & du
bien public, par le defir que le Roy a de mettre fon peuple
en paix.

QVAND au furplus des inuentions, ornemens & fin-
gularitez de ce bel Arc & portail, defquelles ie n'ay parlé,
pour euiter prolixité; la confideration du portraiĉt qui en
eft icy reprefenté à peu prez, y fatisfera aucunement, pour
en donner quelque contentement au Leĉteur.

La figure de l'Arc triomphal deuant

l'Eglise noſtre Dame , du coſté du gros Horloge.

pag. 66.

La figure de l'Arc Triomphal

deuant la grande Eglise de nostre Dame.

i ij

A v deuant de ce grand Arc triomphal, à la diſtance de vingt pieds ou enuiron, dedans la ruë eſtoient placez des deux coſtez deux hauts piliers quarrez en forme de maſſonnerie, de hauteur de traize pieds & de quatre en quarré, accompaignez de leurs moulures & enrichiſſemẽs. Sur l'vn d'iceux, au coing de la ruë tirant vers les Carmes, eſtoit porté & eſleué en boſſe l'image du Roy S. Loys, tige de la race de noſtre Roy ; tenant en l'vne de ſes mains ſon ſceptre Royal ; & en l'autre ſon baſton ou main de Iuſtice, ainſi qu'on a accouſtumé le repreſenter. Deſſous iceluy eſtoit eſcrit lettre d'or en ce vers Latin

Maɛte tua virtute , meae laus maxima ſtirpis.

Et ſur l'vn des coſtez de ſondiɛt baſton de Iuſtice, qu'il eſleuoit & adreſſoit vers la figure du Roy qui eſtoit ſur le ſuſdiɛt Arc de triomphe, ceſt autre cy

Quod coepi perages , Caeleſti numine duɛtus.

S v r l'autre de ces deux piliers, placé en la meſme ruë du coſté tirant vers le Pont eſtoit auſſi portee & eſleuee vne grãde ſtatue accouſtreé à l'antique, par laquelle eſtoit repreſentee la Sibylle S A M B E T H A , comme prophetiſant le bon heur du Roy , par ces vers enſuiuans ſemblablement eſcrits en lettre d'or dans vn tableau qu'elle tenoit le long d'elle de l'vne de ſes mains.

P R I M A *Sibyllarum Sambetha , Hebraea propago ,*
   Laeta fero Gallis , tibi R E x *oracula laeta,*
Nulla vllo tantum tellus fe iactat alumno ,
Te tua fe quantum iactabit Gallia Rege.
Pace tuis parta populis , tu prole beatus
Quò ducet virtus ibis ; tua mille phalanges
Impauidae procul hinc (t) fortes arma fequentur ,
Quâ Tagus auratis Duriáfque tumefcit arenis ;
Quâque fuas meritò palmas tibi feruat Idume.
Inde frequens duce te fpolijs Orientis onuftus ,
Occiduifque opibus , referet victricia miles
Signa , triumphatis à te R E x *gentibus olim:*
Téque ob id aeternis decorabit fama coronis.
Poftmodò tu noftros H E N R I C E *ac Neftoris annos*
Laetus ages , regnis per te dans iura quietis:
Ad regnum donec felix reuocéris Olympi.
Tum tibi perpetua fuccedent ftirpe nepotes.
Sic etenim arcanis fpondent fore numina fatis.

ΘΕΟΥ ΒΟΥΛΑΙΣΙ ΜΕΓΙΣΤΟΥ.

🙚Figures de S. Loys & de la Sibylle

esleuez sur deux piliers prez le susdict Arc de triomphe.

Tovs les ouurages cy deuant reprefentez eftoient
conftruiĉts & taillez chacun felon leur ordre, auec toutes
les dimentions & proportions requifes par l'art de l'Archi-
teĉture; & par femblable enrichis d'or, d'argent, & viues
peintures en leurs foufbaffemens, chapiteaux, frifes & corniches, fueillages, moulures, & figures, auec toute la per-
feĉtion que peut apporter l'art de la peinture : Ce qui les a
rendus plus beaux & admirables à tout œil qui les a veuës.

Estant donc le Roy paffé par deffous ce grand &
dernier Arc triomphal dedié (côme tous les autres) à fa Maiefté, il entra dans la grande Eglife de noftre Dame, par le
principal portail d'icelle, pour rendre graces à Dieu de voir
fon peuple luy porter tel honneur & refpeĉt, & eftre fi
obeiffant à fa Maiefté; en quoy il monftra qu'il eft vrayment Roy Tref_Chreftien & fils aifné de l'Eglife. Les
Doyen, Chanoines & Chapitre, reueftus de leurs riches
ornemens & accouftremens facerdotaux, le receurent auec
toute deuotion & allegreffe; & luy fut faiĉte vne harangue
auec priere & exhortation par le haut Doyen, luy priant
de maintenir l'Eglife, & la religion de fes Anceftres en fon
integrité.

Les ceremonies acheuez, & le cantique qui fe commence Te Devm Lavdamvs chanté en Mufique
& fon des orgues, le Roy fortit hors de l'Eglife par la mefme porte qu'il y eftoit entré, & montant dans fon carroffe
f'achemina à fõ logis de S. Ouën. Là ou les Sieurs Côfeillers
Efcheuins de la ville, & vingtquatre du Confeil atten-
doient fa Maiefté : & à fon arriuee la remercierent de

l'honneur qu'il luy auoit pleu faire à fa ville de Rouën, &
aux habitans d'icelle. Le Roy d'vne face ioyeufe leur fit
refponce qu'il eftoit fort content de la ioye & allegreffe
qu'il auoit recongneuë eftre en fon peuple, & qu'il efti-
moit dauantage leurs bonnes volontez que les magnificences qu'ils auoient faictes & euffent peu faire, lefquelles
toutesfois luy eftoient fort agreables.

Le foir apres le fouper de fa Maiefté, iceux Confeillers Efcheuins luy allerēt prefenter les clefs de la ville: plufieurs defquelles ils auoient fait dorer de fin or, affembler
en vn cordon de foye de couleur grife, & pofer (pour ceft
effect) fur vn couffin de veloux incarnatin doublé de fatin
verd.

Devx iours apres lefdicts Confeillers Efcheuins re-
tournans voir le Roy, luy firent prefent au nom de toute la
ville d'vn grand baffin ou plat d'argent doré-vermeil : au
milieu duquel s'efleuoit vn vaze contenant deux canaux
qui artificiellement refpandoient de l'eau en forme d'vne
fontaine: auec fix grandes coupes plates ou drageoirs d'argent auffi doré-vermeil : Le tout cizelé & graué en demy
relief, de plufieurs trophees & defpouilles de guerre, fi induftrieufement & parfaictement bien elabourez d'art
d'orfeburerie, qu'il ne f'en peut voir de mieux. Et combien
toutesfois que ces prefens ne feuffent dignes de la grandeur d'vn tel Roy, ce neantmoins il les reçeut comme luy
eftans fort agreables ; ainfi qu'il le demonftra par la
chere ioyeufe & propos amiables qu'il tint aufdicts Confeillers Efcheuins : lefquels s'en retournerent fort contens
                                                    voyans

voyans la bonne affeƈtion que le Roy leur portoit, & à toute la ville en general.

Peu de temps apres, aſſçauoir le vingtquatrieſme iour dudiƈt mois d'Oƈtobre, ſa Maieſté deſirant voir les combats qui ſe deuoient faire ſur la riuiere, & qui auoient eſté differez ; fit commandement que l'on euſt à les preparer pour l'apreſdiſnee : & auſſi fit aduertir les Conſeillers Eſcheuins qu'elle vouloit ce meſme iour les viſiter dans l'Hoſtel commun de la ville, & y prendre la collation apres auoir veu leſdiƈts combats.

Parqvoy leſdiƈts ſieurs Eſcheuins firent à l'inſtant aduertir les Chefs & Capitaines qui deuoient repreſenter les combats, d'eux tenir tous preſts, auec leurs compagnies & equippage, pour en donner le plaiſir au Roy. Ce qu'ils firent en toute diligence. Car ſi toſt que pour prendre commodément le plaiſir de ce qu'ils deuoient faire, le Roy accompagné de ſa nobleſſe fut arriué en la grande ſalle du pauillon du pont (laquelle pour ceſte reception de ſa Maieſté, auoit eſté ornee tant de tapiſſeries que vitres neufues & belles peinƈtures, portans les deuiſes & armoiries d'icelle :) Ils commencerent à repreſenter ſur la riuiere de Seine, du coſté d'amont le pont, vn combat naual entre deux nauires accouſtrez en guerre, ayans leurs pauillons & enſeignes des couleurs du Roy, & garnis d'artilleries & de bons hommes ; & deux galleres & vne galleotte eſtrangeres, auſſi equippees en guerre, & parees de leurs couleurs rouge, & iaulne, & leurs armes peintes en leurs pauillons. La galleotte donq commençant le combat & eſcarmou-

K

che, vint recongnoiftre lefdicts nauires François, fuiuie
incontinent des deux autres galleres, qui commencerent
à tirer force canonnades & coups d’harquebufe & moufquet contre iceux nauires : lefquels de leur part faifans
deuoir de fe deffendre, chargerent fi furieufement & à
poinct les galleres ennemies , que d’vn feul coup de canon
ils firent couler bas ladicte galleotte: de laquelle les hommes efpandus fur l’eau tafchoient en nageant fe fauuer, qui
deçà, qui delà, le mieux qu’ils pouuoient. Puis les nauires
fe ioignans & venans aux mains contre les deux galleres;
l’vne d’icelles qui portoit la couleur rouge fut par eux prife
& gaignee à force, en combattant vaillamment, tant à coup
de picque que d’harquebufe & moufquet : & l’autre accouftree de iaulne tourna le dos, & à la faueur du nombre
de fes auirons fe fauua & efchappa des nauires François:
Lefquels faifans bruire & retentir en l’air les fanfares de
leurs trompettes, ioüirent lors glorieufement de leur victoire, & donnerent beaucoup de contentement à fa Maiefté: Laquelle de ladicte falle du Pauillon du Pont, où elle
eftoit, regardoit la reprefentation de ce guerrier fpectacle,
executé par la conduite de trois anciens Capitaines de ladicte ville & enfans d’icelle, fort experimentez & de longue main au faict des armes, & de la marine.

P A R le portraict de cefte Naumachie ou combat naual icy rapporté à peu prez, le Lecteur pourra confiderer
combien la veuë d’iceluy donna lors de plaifir tant à fadi-
cte Maiefté, qu’a tous les fpectateurs, qui y affluoient de
tous coftez en nombre infini.

                                        Portraict

Naual repreſenté ſur la riuiere de Seine,
ſoy, le 24. iour d'Octobre.

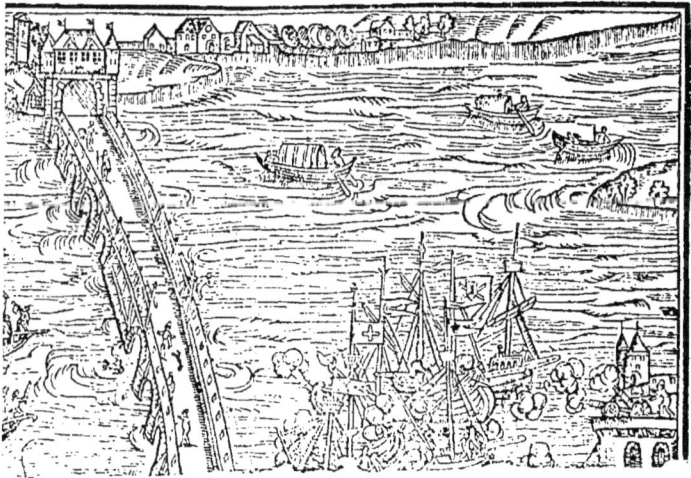

Portraict du combat Naual repres_enté _ſur la riuiere de Seine,
deuant le Roy, le 24. iour d'Octobre.

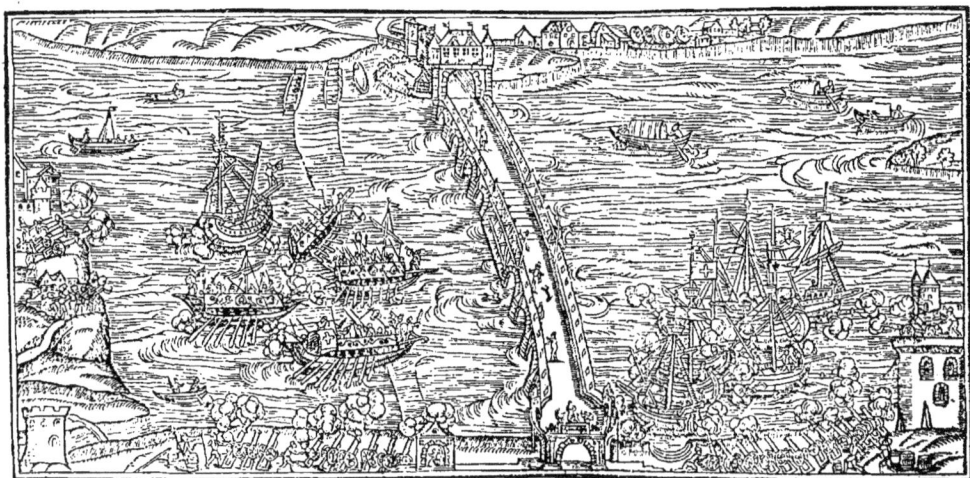

.Pendant ce temps l'Hoſtel commun de la ville ſut
tendu, & orné de belles & riches tentes de tapiſſeries, tant
en la grande ſalle, qu'aux galleries du paruis de la maiſon;
où ſut auſſi placé grand nombre d'armoiries de France &
de Nauarre, de Normandie, & de ladiɛte ville. Et principalement au plancher de ladiɛte ſalle ſut mis vn lambris
peint de compartimens, où eſtoient entrelaſſees les armoiries & deuiſes de ſa Maieſté; & pluſieurs beaux chandeliers y ſuſpendus, auec flambeaux de cire blanche; & au
paruis & galleries grand nombre de fallots & flambeaux
ardans. Meſmes furent ordonnees les compaignies des
cinquante hommes d'armes, & cēt harquebuziers, leſquels
veſtus de leurs caſaques & mandilles de veloux verd & autres accouſtremens : ſe rangerent à double haye ſur l'aduenue, depuis l'Egliſe de S. Erblanc iuſques à la porte dudiɛt
Hoſtel de ville.

Apres donc que le Roy eut pris le plaiſir dudiɛt combat naual, les quatre Quarteniers de la ville luy firent entendre que dans l'Hoſtel commun d'icelle, la collation
luy eſtoit preparee, ainſi qu'il auoit commandé. Alors le
Roy deſcendit du pauillon du Pont, où il eſtoit, pour ren-
trer dedans la ville, auec la ſuitte des Princes, Ambaſſa-
deurs, Seigneurs, Princeſſes & Dames qui l'accompaignoient; & vint droiɛt de là audiɛt Hoſtel commun d'i-
celle ville. A la grande & premiere porte duquel ſe preſenterent pour receuoir ſa Maieſté, les ſix Conſeillers Eſcheuins, parlant le plus ancien d'iceux pour leur compagnie:
& au milieu de la court ſe trouuerent auſſi Meſſieurs le
Procureur general en la Cour de Parlement repreſentant
le Bailly de Rouën, le Lieutenant general, & Procureur du

K ij

Roy au Bailliage, auec les anciens Confeillers Efcheuins;
qui firent vne feconde reception à fa Maiefté. Lors en fi-
gne de toute ioye & allegreffe les bandes des trompettes,
& cornets commencerent à fonner auec toute melodie.

A l'entree de la falle de ceft Hoftel, eft bafty hors œuure
vn grand & antique porche couuert d'vne terraffe de plõb
enuironnee de plufieurs fleurons & feftons auffi de plomb,
demi-rompus & defpeints pour leur antiquité & ruines
paffees; & entre iceux font entremeflez plufieurs petits aigneaux de femblable eftoffe. Au milieu de cefte terraffe fut
efleué vn grand lys fort bien reprefenté au naturel, eften-
dant fes rameaux & fes fleurs aux enuirons du circuit d'i-
celle: & à la deuanture de ce porche eftoit appendu dans
le tour d'vne guirlande ou chapeau de Laurier, ce Sonnet.

Ce petit clos iadis efmaillé de verdure,
De fleurs de mariolaine, & de treffle & de thin,
A fes doux aignelets donnoit foir & matin
En paifible repos leur douce nourriture.

Quand (ô forfaiÄ cruel, ô trop cruelle iniure)
L'ambitieux lion, le colere maftin,
Et le loup rauiffant en firent vn butin,
Chafferent les aigneaux degaftans leur pafture.

Le Ciel trifte de voir ce comble de malheur
Or fur ce pauure fonds diftillant fon humeur,
Fait croiftre ce grand lys en fa fleur odorante:

Et renaiffans foubs luy les herbages & fleurs,
R'affemble fes aigneaux, les paift de fes douceurs,
Les lions, les maftins, & les loups efpouuante.

E t comme le Roy eftoit fous ce portique entrant dans la falle, luy fut prononcé & prefenté par vn ieune enfant richement veftu, ceft autre Sonnet.

La plante que l'ardeur mere de fechereffe,
Attirant fon humide a fait prefque fecher,
En vain fent le Soleil de fon fonds approcher,
Car pour luy vers les Cieux fon chef elle ne dreffe.

Mais Rouën par la guerre efpuifé de richeffe,
Et mort pour n'eftre mort quand fon Roy l'auoit cher,
Refait comme vn Phœnix de fa cendre vne chair,
Et de fa poureté pour fon Roy fait largeffe.

La gloire en eft donc fienne : ha ! non S I R E , ains à vous ,
Qui pour monftrer qu'icy vous eftes Dieu fur nous,
Faites de noftre rien s'il vous plaift quelque chofe.

Et nous rendant la vie au tombeau de nos maux
Reffufcitez nos corps tous fechez de trauaux,
Afin qu'à vous feruir vn chacun fe difpofe.

L'ARRIEREBANQVET eftoit dreffé dedans la falle fur deux longues tables couuertes de fin & precieux linge ouuragé-damaffé. Sur la table preparee pour la perfonne du Roy, y auoit deux chariots faicts de fucre: le premier eftoit tiré par deux lions, & fur iceluy eftoit la figure du Roy armé, affis dans vn throne, & ayant le dos appuyé contre vn palmier; & à fes pieds plufieurs trophees, auec ce nom efcrit en lettre d'or

A L E X A N D R E

S v r les coftez du chariot, vn peu plus bas que le thro-

ne, tirant fur le deuant, eftoient les figures de Fortune, &
de Vertu. La Fortune eftoit en pofture comme plaidant
deuant le Roy, & luy monftrant les trophees & couronnes
quelle difoit lui auoir donnees. La Vertu d'autre cofté tenant vn iauelot en main, & plus proche du Roy, fembloit
s'oppofer au dire de Fortune : & pour refolution de leur
different, eftoit efcrit en lettre d'or fur vne petite table
qu'elle tenoit en l'autre main

La gloire à nul autre commune,
Dont ce grand Prince eft reueftu,
N'eft point vn œuure de Fortune,
Mais vn chef-d'œuure de Vertu.

Svr le fecond chariot, tiré par vn lion & vn aigneau,
eftoit efleuee vne roche inacceffible, finon par vn cofté,
ou y auoit vn chemin plein à l'entree d'efpines & halliers,
& au haut bordé de plufieurs lauriers. Au fommet de la roche, eftoit reprefentee la vertu de Clemence, comme vn
architeéte, baftiffant vn temple tout rond ; & au dehors du
baftiment, la figure de Magnanimité, feruant de manœu-
ure, & luy apportant des marbres & materiaux. Au front
du portique non encores acheué eftoient efcrits en lettre
d'or ces vers

Pour noftre Roy & fa femence
Eft fondé fur ce roc pointu
Vn temple que faiét la Clemence,
Ou feule paruient la Vertu.

Cᴇꜱ deux chariots eſtoient accompaignez de pluſieurs figures de ſucre paintes & doreës, & de toutes ſortes
de confitures ſeiches & dragees de toutes façons, & de
grand nombre de fruiꝛ de ſucre artificiels, & autres naturels tant eſtrangers que de ce pays, des plus beaux & plus
rares que lon ſçauroit deſirer. Comme pareillement la ſe-
cõde table eſtoit couuerte de ſemblables fruiꝛ & figures.

Dᴠʀᴀɴᴛ ceſt arrierebanquet, qui fut prins auec
grand ſilence & reſpeꝛ de la perſonne du Roy, ſonnoient
pluſieurs inſtrumens de Muſique douce, qui continuerent
iuſques à ce que le Roy ſortit pour ſ'en retourner à ſon logis de S. Ouën: où il fut reconduit par les Conſeillers Eſcheuins de la ville, qui le remercierent treshumblement
de l'honneur qu'il leur auoit faiꝛ.

Pᴇᴠ de iours deuant que le Roy vint pour faire ſon
entree, arriua en la ville le Comte de Scheroſbery
ſeigneur Anglois, Ambaſſadeur enuoyé par la Royne
d'Angleterre vers ſa Maieſté, accompagné de grand nombre de ſeigneurs & gentilshommes dudiꝛ pays, pour re-
nouueler les alliances des Royaumes de France & d'Angleterre, & preſenter au Roy l'ordre de cheualerie de la
Iartiere, à luy enuoyé auec autres preſens par ladite Dame.
Et fut iceluy ſeigneur Ambaſſadeur logé en l'hoſtel du
Bourgtheroulde, fort richemēt preparé pour ſa reception,
& meublé meſmes & tēdu des plus riches meubles & tapiſſeries du Roy, qu'il auoit commandé eſtre faiꝛs venir de
Gaillon pour ceſt effeꝛ. Et d'abondāt par la liberalité de ſa

Maiefté,lediĉt feigneur & toute fa fuitte furēt deffrayez de
tous defpēs dés fon entree en Frāce,iufques à fon retour en
Angleterre.De la main d'iceluy,le Roy reçeut lediĉt ordre
de la Iartiere,& autres prefens enuoyez par la Royne d'Angleterre à fa Maiefté , le dixhuiĉtiefme iour dudiĉt mois
d'Oĉtobre , dedans le chœur de l'Eglife de l'Abbaye de
S. Ouën durant les Vefpres; où furent faiĉtes les ceremonies en tel cas accouftumees. Et feiourna lediĉt feigneur
Ambaffadeur en ladiĉte ville de Rouën,l'efpace de trois
fepmaines de temps.

A R R I V E R E N T auffi en ce mefme temps plufieurs
autres Ambaffadeurs des pays & Royaumes eftrangers; &
grand nombre de Princes, Seigneurs, Cheualiers , Prefi-
dents, Procureurs generaux, Maires,& Efcheuins, & autres
grands & notables perfonnages , de tous les Parlemens,
Villes ,& Communautez de la France, conuoquez par fa
Maiefté: les vns pour l'affifter en fon entree , autres pour
les ceremonies de l'ordre de cheualerie du Sainĉt Efprit,&
les autres pour l'affifter en la conference generale , qui fut
tenue par long efpace de temps en ladiĉte ville , pour ad-
uifer aux affaires generales du Royaume. De forte que l'af-
femblee , & la Cour fut pour lors fi grande en ladiĉte ville
de Rouën , qu'il ne fe peut remarquer que iamais en ville
de France, y en aye eu de femblable ny plus fignalee.

P E N D A N T le feiour du Roy,Madame la Princeffe de
Nauarre Sœur Vnique de fa Maiefté , arriua en ladiĉte
ville,accompaignee des Princes & Princeffes, Seigneurs &
Dames dc fa fuitte, par la porte du Pont,le Samedy neufief-
me iour

me iour du mois de Nouembre , audiƈt an mil cinq cens
quatre vingts faize.

LESDICTS fieurs Lieutenant general,Cõfeillers & Procureur du Roy au Bailliage de ladiƈte ville de Rouën,&les
Confeillers Efcheuins,& vingtquatre du Confeil d'icelle,
accompagnez de grand nombre des notables & plus eminens bourgeois tous bien montez , & affiftez des compagnies des cinquante hommes d'armes, & cent quatre harquebuziers d'icelle ville,allerent iufques à vne demie lieuë
au deuant de ladiƈte Dame : où ayans mis pied à terre,
la faluerent de la part de tous les habitans de ladiƈte ville,
parlans par lediƈt fieur Lieutenant general : Et de là , re-
montez fur leurs mulles & cheuaux , l'accompagnerent
iufques en fon logis, qui luy eftoit preparé à S. Oüen proche de celuy du Roy.

LE deuxiefme iour de Decembre enfuiuant , le Roy
enuoya lettres aufdiƈts Confeillers Efcheuins , par lefquels
il leur fit entendre que Monfieur le Cardinal de Florence
Legat enuoyé par noftre S. Pere le Pape, f'acheminoit pour
venir vers fa Maiefté ; & que partant il vouloit qu'on luy
fift vne entree & reception condigne à fa grandeur & dignité. Ce qu'eftant fort agreable aufdiƈts Confeillers Efcheuins, ils fe mirent en tout deuoir d'effeƈtuer la bonne
volonté du Roy. Et pource firent faire vn fort beau poile
de damas blanc , enrichy & brodé des armoiries dudiƈt
feigneur Legat, & orné de frange & crefpine de foye blanche , & fonds de taffetas blanc : & firent auffi plufieurs autres preparatifs pour ladiƈte entree ; lefquels fuffent venus

L

à leur perfection : n'euſt eſté qu'iceux Conſeillers Eſcheuins receurent lettres dudiɛt ſieur Legat eſtant au chaſteau de Gaillon, par leſquelles il les prioit ſe deſiſter de tels
preparatifs, d'autant qu'il ne deſiroit eſtre receu auec apparat, ny en forme d'entree, ſe contentant de leurs bonnes
volontez.

D E cediɛt lieu de Gaillon, il s'achemina par la riuiere de
Seine, accompagné de pluſieurs Cardinaux, Prelats, & Seigneurs de ſa ſuitte, & vint deſcendre hors le pont de ceſte-
diɛte ville de Rouën ; puis il monta dans ſon carroſſe, &
ainſi entra en la ville par la porte d'iceluy Pont, le traizieſ-
me iour dudiɛt mois de Decembre ; & alla prendre ſon
logis audiɛt hoſtel du Bourgtheroulde, qui eſt vne des
plus belles & magnificques maiſons de la ville , & auoit
eſté pour luy preparee.

L E lendemain de ſon arriuee leſdiɛts ſieurs Lieutenant
general, Procureur du Roy, Conſeillers Eſcheuins, & vingt
quatre du Conſeil de la ville l'allerent ſalüer ; & luy fut fai-
ɛte vne harangue Latine par lediɛt ſieur Lieutenant general, conduiſant le corps de ladiɛte ville : comme auſſi tous
les autres corps tant de l'Egliſe que de la Iuſtice l'allerent
ſalüer , & luy faire leurs harangues en Latin.

T O V T le temps que ce grand Prelat paſſa en icelle
ville, fut par luy employé en tous ſainɛts exercices & œu-
ures charitables ; & ſpecialement à conuertir pluſieurs
deſuoyez de la Religion Catholique Apoſtolique & Ro-
maine. Du nombre deſquels fut Madame la Princeſſe de

Condé, laquelle librement fe reconcilia à luy, & rentra au giron de ladicte Eglife, dans le temple de S. Michel, le vingtfixiefme iour dudict mois de Decembre. Dont le Roy, Princes & Seigneurs, & tout le peuple Catholique furent fort ioyeux.

L e iour de la Natiuité de noftre Seigneur Iefus Chrift audict an, Mondict Sieur le Legat accompagné de grand nombre de Prelats d'Eglife, celebra en grande folennité la grande Meffe en la grande Eglife Cathedrale & Archie-pifcopale de noftre Dame de Rouën ; où le Roy affifta auec tous les Princes, Seigneurs, & Gentilshommes de fa Court: Et apres la celebration du diuin feruice, le Roy toucha grand nombre de malades des efcroüelles, qui eftoient venus de plufieurs endroicts de la Chreftienté, pour eftre de luy touchez & gueris.

Et la vigile & iour des Roys enfuiuans, le Roy donna l'ordre de cheualerie du S. Efprit à plufieurs Seigneurs du Royaume de France: & en furent faictes les folennitez ac-couftumees dans l'Eglife de l'Abbaye de S. Ouën; ou affi-fterent Meffieurs le Legat, Cardinaux, Archeuefques, Euefques, & autres Prelats eftans pour lors dans la ville, enfemble tous les Cheualiers dudict ordre, en leurs accou-ftremens d'iceluy ordre & ceremonies.

A i n s i donc le Roy tant par fa ioyeufe & triomphan-te entree, que par l'accompliffement de tant de belles cere-monies & chofes fignalees, qu'il faifoit durant fon feiour en fa ville de Rouën, fit affez paroiftre combien luy eftoiēt

agreables fadiête ville & les habitans d'icelle. Dequoy il
donna encor plus ample tefmoignage, par le defir & affe-
êtion qu'il monftra auoir d'y faire baftir vn chafteau, &
ville neufue de l'autre cofté de la riuiere: dont il fit faire
plufieurs deuis & deffeings par fçauans & expers archite-
êtes, mandez exprez par fon commandement pour ceft
effeêt, pendant le temps que fa Maiefté eftoit en ceftediête
ville: Où elle feiourna depuis lediêt iour de fon entree, qui
fut le xvi. d'Oêtobre, iufques au fixiefme iour de Feurier
enfuiuant ; s'occupant iournellement aux grands affaires
de fon Royaume, qui fe traiêtoient tant en fon Confeil
d'Eftat & Priué, qu'en ladiête conuention generale. Laquelle eftant finie le Roy partit lediêt iour fixiefme de Feurier : & fut conuoyé par lefdiêts fieurs Confeillers Efcheuins, vingtquatre du Confeil de la ville, & grand nombre
des notables & plus eminens bourgeois d'icelle ; affiftez des
compaignies des cinquante hommes d'armes, & cent quatre harquebufiers, iufques à vne lieuë fur le grand chemin
de Paris: où fa Maiefté les licentia, & les affeurant de rechef
du defir qu'elle auoit de faire baftir vne maifon en fa ville
de Rouën, pour f'y accommoder & y feiourner quelque
faifon de l'annee, leur recommanda la garde & conferuation d'icelle.

FIN.

LORS que le tref-Chreftien, tref-victorieux & tref-clement Roy de France & de Nauarre, HENRY IIII. de ce nom, fit fa tref-ioyeufe, tref-magnifique & triomphante entree en fa ville de Rouën, capitale de Normandie ; nouuellement eftoient entrez és charges de Confeillers Efcheuins de ladicte ville, nobles hommes Iehan Voyfin fieur de Guenonuille Confeiller Notaire & Secretaire du Roy, Iehan Puchot fieur de la Pommeraye, Vincent Danten, Iehan Pauiot. Marc Anthoine Bigot fieur d'Oliuet, & Richard Baudry fieur de Semilly : Lefquels en ladicte qualité d'Efcheuins & au nom d'icelle ville, pourueurent auec toute induftrie & diligence requife, tant aux beaux preparatifs, bel ordre, diuers fpectacles, & fomptueufes magnificences cy deuant mentionnez, qu'à toutes autres chofes neceffaires, que le temps & la commodité permirent eftre faictes pour la decoration de ladicte entree & reception de fa Maiefté. Laquelle (pour fa clemence & debonnaireté) ayāt eu le tout fort aggreable, & encor plus la bonne volōté & alegreffe de fon peuple de Rouën ; Lefdicts Confeillers Efcheuins, pour en laiffer le tefmoignage à la pofterité & l'honneur à leur ville, à la fortie de leur Confulat en ont faict imprimer le precedent difcours ou narration, purement & fimplement deferite, comme ils defiroient ; auec les chofes les plus notables qui fe pafferent en ladicte ville, pendant le feiour que fa Maiefté fit en icelle.

AV ROY.

Si le·los qui s'acquiert par les armes on priſe,
Qui pourroit comme toy ce beau los meriter?
Quel bord plus eſcarté n'a point oüy vanter
La gloire que tu as par les armes conquiſe?

Mais bien que ta valeur toute force maiſtriſe,
Ta clemence (ô grand Roy) ne ſçait pas moins dompter,
Et t'a bien fait autant de victoires compter,
Comme ta main guerriere a de victoire acquiſe:

Les chefs, (t) les ſoldats, & ſur tout le hazard
Aux combats que lon gaigne acquerent quelque part,
Mais tienne en ta clemence eſt toute la victoire.

Tes ennemis domptez en ont ſenty le fruict,
Par elle à ſon deuoir eſt ton peuple reduict.
Viue doncques mon Roy, ſa clemence & ſa gloire.

F. VIGER.

DEVX SONNETS AV ROY, SVR

LA BEAVTE' DV IOVR DE SON ENTREE
& les gracieux propos qu'il tint à l'vn
des Conseillers Escheuins por-
tans son poile.

Le Ciel se tint long temps obscur & pluuieux
Et deuant & depuis le iour de ton entree:
Mais par ce iour luisant bien nous fut demonstree
La ioye qu'en prenoient, & la terre, & les cieux.
  Apollon pour te veoir si grand, si glorieux,
De ses plus clers rayons sa teste tint ornee,
Et l'herbe freschement dessus la terre nee
Carressoit son Phœbus dessous tes pas heureux.
  Aux ruës & carfours du peuple l'abondance
Par son VIVE LE ROY *fit voir l'esiouissance*
Qu'vn obiect desiré luy faisoit conceuoir:
  Alors ta Maiesté iettant les yeux sur elle,
Me dit, quand ie portois l'vn des coings de ton poile,
» *Ie croy que mon peuple est bien aise de me veoir.*

  Hé! quel aise plus grand peut saisir le courage
D'vn peuple ayant perdu sa douce liberté,
Des horreurs de Mauors longuement agité,
Et prochain d'encourir vn extreme naufrage?
  Que de te veoir, ô Roy, dont l'Auguste visage
En r'asseurant les tiens, rend tout espouuanté
L'ennemy estranger, qui fuyant t'a quidé
Malgré tous ses desseins ton François heritage.
  Ainsi donq, ô grand Roy, sois aussi bien venu,
Comme ores tu congnois que tu es cher tenu
Du peuple Rouënnois ioyeux de ta presence.
  Ainsi ta Maiesté face luire sur nous
De tes yeux (nos Soleils) les rays doucement doux,
Et la paix, qui tousiours est pres de ta clemence.

R. BAVDRY S. D. S.

AD LECTOREM DE CAVSA
ISTIVS SCRIPTIONIS.

Magnifica Errici regis monumenta per vrbem
Proftraſſet lento vulnere tempus edax:
Rothomagi in regem magni veſtigia cultus
Charta tibi viuax feruat ab interitu.
Sic amat Erricum bellatrix Neuſtria regem,
Hoc numen tanta relligione colit:
Vt pia Borboniæ fupplex altaria famæ
In triuijs, charta (t) peſtore fculpta gerat.

D. DVTHOT.

www.ingramcontent.com/pod-product-compliance
Lightning Source LLC
Chambersburg PA
CBHW050015100426

42739CB00011B/2647